아시아 국가와 시민 사회

ASIA SEIJI WO MIRU ME

by Ikuo Iwasaki

Copyright ⓒ2001 by Ikuo Iwasaki

Original Japanese edition published by CHUOKORON-SHINSHA, INC., Japan

Korean translation rights arranged with CHUOKORON-SHINSHA, INC., Japan

through Eric Yang Agency, Seoul

Korean translation copyright ⓒ2002 Eulyoo Publishing Co., Ltd

아시아 국가와
시민 사회

| 이와사키 이쿠오 지음 | 최은봉 편역 |

을유문화사

지은이 **이와사키 이쿠오** [岩崎育夫]

1949년 나가노[長野]현 출생
릿쿄[立敎]대학 문학부 졸업
아시아경제연구소 지역연구제1부 주임연구원 역임
다쿠쇼쿠[拓殖]대학 국제개발학부 교수
〈화교자본의 정치경제학〉으로 제10회 아시아태평양상 특별상 수상
저서 : 〈현대아시아 정치경제학 입문〉, 〈화교자본의 정치경제학〉, 〈현대아시아의 초상 15 : 리콴유〉 외

편역자 **최은봉**

이화여자대학교 정치학과 졸업
미국 오하이오주립대학교 정치학 박사
강원대학교 정치외교학과 교수
일본 쓰쿠바대학교 연구교수
현재 이화여자대학교 정치외교학과 교수
저서 : 〈일본 · 일본학〉, 〈한국현대정치사〉, 〈일본의 NGO연구〉 외
역서 : 〈현대 일본의 체제 이행〉, 〈포스트 산업사회론〉, 〈일본 특이론의 신화 깨기〉,
        〈모든 정치는 당신이 사는 지역에서 시작된다〉, 〈일본의 헌법〉, 〈전후 일본의 정치 · 행정 구조〉 외

아시아 국가와 시민 사회

초판 _ 제1쇄 인쇄 2002년 3월 5일
초판 _ 제1쇄 발행 2002년 3월 11일

지은이 _ 이와사키 이쿠오
편역자 _ 최은봉
펴낸이 _ 정진숙
펴낸곳 _ ㈜을유문화사

등록번호 _ 1-292
등록날짜 _ 1950. 11. 1
주소 _ 서울특별시 종로구 수송동 46-1
전화 _ 734-3515, 733-8152~3
FAX _ 732-9154
E-Mail _ eulyoo@chollian.net
인터넷 홈페이지 _ www.eulyoo.co.kr

ISBN 89-324-6076-0 03340

값 9,000원

*옮긴이와의 협의하에 인지를 붙이지 않습니다

이 와사키 이쿠오[岩崎育夫] 교수의 〈아시아 국가와 시민 사회〉
는 아시아 여러 국가들이 겪고 있는 민주화 과정의 다양성
을 국가와 시민 사회의 관계라는 시각에서 잘 정리한 역작입니다.
이 책은 구체적으로 경제 개발에서 국가의 중요성, 즉 군사 정권의
역할을 중시하면서 각 국가를 분석한 다음, 경제 개발의 성공에서
비롯되는 정치 변화로서 민주화 과정을 다루는 접근 방식을 취하
고 있습니다. 기본적으로 민주화란 독재 체제가 통제해 온 국가가
시민 사회를 통해서 자유화되고 다원화되어 가는 과정이라고 인식
하고 있습니다.

이 책에서 다루는 다섯 국가(한국, 대만, 인도네시아, 말레이시아,

싱가포르)는 정도의 차이는 있지만 넓은 의미에서 이 같은 과정을 공통적으로 거치고 있는 국가들입니다. 그러나 이 책을 읽다보면, 이러한 공통점 못지 않게 각 국가가 거치고 있는 정치 체제 변모의 경로는 매우 이질적이고 상이하다는 점을 인식할 수 있습니다. 이처럼 아시아 여러 국가들이 개발 독재에서 민주화로의 이행 과정에서 특이성을 보이는 요인으로는 종교와 인종을 포함하는 문화적인 변수, 기존 정치 구조와 과정, 경제 성장의 수준 등을 들 수 있습니다. 이런 요인으로, 각 국가의 민주화 정도가 다르듯이, 결국 국가와 시민 사회의 관계 역시 다르다는 논의로 이어집니다. 또한 간접적으로, 아시아 여러 국가들의 민주화 과정이 그다지 순조롭지만은 않으리라는 점을 강조하고 있습니다.

이 책은 아시아의 정치와 사회에 관심을 가지고 있는 학생들이나 일반인들이 이 지역의 국가들을 쉽게 이해하도록 돕는 유용한 안내서가 될 것입니다. 또한 아시아를 맥락으로 지역 연구나 비교 연구를 수행하는 데에도 참고가 될 만한 자료를 제공해 줄 것입니다. 나아가서 아시아형 개발 국가의 원형으로 꼽히는 일본 체제의 본질을 파악하는 데에도 도움이 될 수 있다고 생각합니다.

독자들이 이 지역의 국가들에 좀 더 쉽게 다가갈 수 있도록 한국어판에는 원서에는 없는 연표, 사진 자료, 어휘 설명 등을 보충하고, 급변하는 아시아 정치의 최근 움직임에 대해서도 약간의 자료를 추가하였습니다. 이 책을 만드는 데 한국외국어대 서온경 석사와 이화여대 우혜연 석사의 도움이 컸고, 박시진 양과 김수현 양도 눈높이에서 읽고 어색한 부분을 지적해 주었습니다. 또한 2001년도 2학기 이화여대 정치외교학과의 동아시아 정치론 수강생들이 조사 발표한 대만, 싱가포르, 말레이시아, 인도네시아에 대한 자료들도 중요한 참고가 되었습니다. 이 모든 도움에 고마움을 전하고 싶습니다. 끝으로 이 책을 출간해준 을유문화사와 좋은 책이 되도록 조언해준 권오상 과장님께 깊은 감사를 드립니다.

최은봉
ebchoi@ewha.ac.kr

현대 아시아 정치의 조류를 논의한 나의 책이 한국어로 번역된다는 이야기를 듣고 한편 놀라우면서도 매우 기뻤습니다. 나는 원래 동남 아시아를 전문으로 하는 지역 연구자인데, 10여 년 전부터 아시아 여러 국가의 경제 개발을 지탱해온 정치 체제에 깊은 관심을 갖게 되면서 이들 나라들을 사례로 삼아 연구를 시작했습니다. 아시아 여러 국가들에서는 군사 독재, 또는 일당 독재하에서 경제 개발을 추진하였고, 일단 경제 성장이 달성된 이후 민주화 운동이 일어나면서 권위주의 체제로부터 민주주의 체제로의 이행을 거치고 있다는 면에서 공통점이 발견됩니다.

그러한 체제를 모델화해서 처음에는 개발 체제라고 불렀고, 최

근에는 개발주의 국가로 바꾸어 부르고 있습니다. 그러나 아시아
여러 국가들의 실태를 연구하면 할수록 이 체제들의 전형적 모델
국가라고 할 수 있는 한국을 연구 대상으로 포함하지 않으면 안 되
겠다는 생각을 강하게 갖게 되었습니다. 이러한 관심을 통해 개발
주의 국가와 민주화를 둘러싼 문제란 한국과 대만 등 동아시아의
여러 국가들의 경우에 보다 더 적절하게 제기될 수 있는 것임을 알
게 되었습니다.

　이 책은 개발주의 국가와 그것의 민주화에 초점을 맞춘 것이지
만, 21세기에 들어선 현재 아시아 정치의 최대 과제는 어떻게 하면
민주주의를 정착시킬 수 있을 것인가로 요약된다고 하겠습니다.
예컨대, 동남 아시아 여러 국가들 가운데 인도네시아, 태국, 필리
핀 등에서도 국민을 주축으로 한 정치 체제 정착을 위한 노력이 계
속되고 있습니다. 두말할 나위 없이 민주주의의 정착은 간단한 것
도 아니고 그 미래가 보장된 것도 아닙니다. 오랜 시간을 거쳐서
이런저런 시행착오를 거친 다음에야 실현될 수 있는 것입니다. 이
러한 점에서 아시아 국가들 중에서 비교적 빨리 군사 독재 정권에
서 벗어나 민주화를 달성한 한국이 앞으로 어떠한 길을 밟아 나갈
것인가가 크게 주목되고 있습니다. 한국의 독자들에게 이 책이 한
국 정치를 다른 아시아 국가들의 정치 동태에 견주어서 보는 시각

과 관점을 제공하고, 국가 못지 않게 시민 사회도 중요하다는 사실을 느끼게 해준다면 저자로서 그 이상의 만족은 없을 것입니다.

이 책을 번역하여 한국에 소개함으로써 많은 한국 독자들과 접할 수 있는 기회를 만들어 주신 역자 최은봉 교수와 을유문화사에 감사를 드립니다.

다쿠쇼쿠[拓殖]대학 연구실에서
이와사키 이쿠오[岩崎育夫]
iiwasaki@mail.hinocatv.ne.jp

1997년 7월, 태국 바트화의 폭락으로 시작된 아시아 경제 위기
는 순식간에 인도네시아, 말레이시아, 한국 등으로 파급되어
고도 성장을 구가하던 아시아 경제를 불황의 늪으로 빠뜨렸다. 그
뿐만 아니라 일부 국가에서는 경제 위기가 정치 위기로 번져 장기
정권의 붕괴와 역사적인 정권 교체 등 정치 드라마가 연출되기도
하였다.

인도네시아는 경제 위기가 정치 위기, 나아가 국가 위기로 확산
되어 가장 심각한 영향을 받은 국가이다. 1998년 5월, 수하르토 독
재 정치에 불만을 느끼던 학생, 노동자, 시민이 일제히 거리로 몰
려나가 수하르토 족벌로 상징되는 'KKN(유착, 부패, 정실 인사)'을
엄중하게 규탄하자, 체제를 떠받쳐 온 군과 골카르(직능 단체)의 지

지를 잃은 수하르토 대통령은 사임하지 않을 수 없었다. 이로써 33년간 계속된 아시아 최장기 정권이 붕괴하였다. 한국에서는 경제 위기에서 벗어나기 위해 IMF(국제통화기금)에 긴급 지원을 바라던 시점에 실시된 1997년 12월의 대통령 선거에서, 과거 박정희 독재 정권의 박해를 받아 망명할 수밖에 없었던 김대중 야당 후보가 승리하여 최초로 여·야당의 정권 교체를 경험하게 되었다. 대만의 정권 교체는 더욱 극적이다. 2000년 3월의 총통 선거에서 1949년부터 계속 권력을 잡아왔던 국민당의 후보자가 패배하고 야당 민진당의 천수이벤[陳水扁] 전 타이베이[臺北] 시장이 당선되었다. 반세기 동안 지속된 국민당 지배가 종식되는 역사적 순간이었다.

역사를 10년 정도 거슬러올라가 보면, 이것과 거의 유사한 정치 변화를 아시아 각지에서 발견할 수 있다. 필리핀에서는 개발 독재를 추진하던 마르코스 대통령이 1986년 대통령 선거에서 4선을 목표로 했지만, 코라손 아키노 여사를 리더로 하여 마르코스 체제의 부패를 규탄한 '황색 혁명' 앞에서 퇴진할 수밖에 없었다. 중국에서도 공산당 일당 지배를 비판하는 지식인, 학생, 노동자의 민주화 운동이 발생하였고, 이것이 1989년 6월, 공산당이 군대를 동원하여 탄압한 '천안문 사건'으로 연결된 것은 아직도 기억에 생생하다. 비슷한 시기에 미얀마에서도 1962년부터 계속된 네윈 장군이 이끄는 군정에 대한 비판이 높아져서 아웅산 수지 여사를 지도자로 하는 민주화 운동이 고양되었다. 인접 국가인 태국에서도 1992년 5월, 국회의원이 아닌 군인이 총리로 취임한 것에 대해 시민의 비판이 폭발하였는데, 이 시민 운동을 군이 탄압하여 '피의 민주화 사건'이라는 비극이 초래되었으나 군인을 정치 무대에서 끌어내리는 데는 성공하였다. 1980년대 후반에도 아시아 각지에서 민주화 운동과 정치 변혁의 움직임이 잇따라 일어났다.

그러나 역사를 그보다 10년 정도 더 거슬러올라간 1970년대에는 과연 같은 아시아 국가였는지 의심스러울 정도로 전혀 다른 세계였다. 이 시기는 개발 독재의 절정기로서 많은 국가가 장기 정권을 기반으로 정치 안정을 누리면서 경제 성장에 매진하고 있었다. 한국에서는 박정희 대통령, 대만에서는 장징궈[蔣經國] 총통, 인도네시아에서는 수하르토 대통령, 싱가포르에서는 리콴유[李光耀] 총리, 필리핀에서는 마르코스 대통령이 군림하였고, 말레이시아에서는 마하티르가 등장하려는 상황이었다. 이들 체제하에서는 야당은 물론 시민 운동도 억압받았고 정부 비판 운동은 산발적이었으므로 대중적으로 확산되지 못하였다.

과거 30년 동안의 아시아 국가들의 동향을 살펴보면, 1970년대의 개발 독재 정권 시대와, 민주화 운동이 폭발하여 민주적인 정권 교체가 일어난 1980, 1990년대 이 두 시기는 매우 대조적임을 알 수 있다. 왜 아시아에서 개발 독재가 탄생했고 1980년대 후반이 되자,

그것이 종식되거나 붕괴하였을까? 그리고 또 동일한 개발 독재 국가들 중 싱가포르는 왜 현재까지도 정부 비판이나 민주화 운동이 미약한 것일까 하는 다양한 의문이 제기된다.

아시아 정치에서 과거 30년간 전개된 구조적 변용을 '개발 독재 국가'와 '시민 사회'라는 두 가지를 키워드로 하여 파악해 보려는 것이 이 책의 목적이다.

구체적으로 말하면, 하나는 아시아에 관심을 가진 독자를 염두에 두고 과거 수십 년 동안의 아시아 국가들의 움직임과 그 특징을 설명하려는 것이다. 제1장에서 제5장까지가 이에 해당하며, 여기서는 현대 아시아의 다양한 국가들 중에서도 개발주의 국가의 형성이 뚜렷하게 나타나고 민주화를 주요 과제로 삼았던 한국, 대만, 인도네시아, 말레이시아, 싱가포르 등 다섯 나라가 거쳐온 정치 과정의 발자취를 더듬어본다.

다른 하나는 개발주의 국가와 시민 사회의 개념을 보다 명확하게 정리해 보려는 것이다. 지난 몇 년간 아시아 연구에서 이 두 가지 주제는 많은 연구자들의 관심을 끌어 전문 연구서가 여러 권 출판되었지만, 시민 사회의 개념은 여전히 명료하게 정리되지 않은 채 필자에 따라서 다양한 의미로 사용되고 있는 상태이다. 그러므로 이 책의 전체 논의와 논점을 정리하면서 시민 사회에 대한 공통 인식을 창출해 내는 작업을 시도해 보고자 한다. 제6장과 제7장에서 다루는 것은 전문 연구자를 대상으로 하는 작업이지만 시민 사회 개념에 관심을 가진 일반 독자도 이해할 수 있도록 설명하고자 한다.

이 책은 개발의 시대가 국가 우위의 시대였지만, 현재는 국가에서 시민 사회로 정치 주역의 교체가 일어나고 있다는 메시지를 독자들에게 전달하고자 한다. 그러면 개발주의 국가에서 시민 사회로 이행하는 모습을 구체적으로 살펴보도록 하자.

현대 아시아 정치에 대한 관점

아시아는 인구 12억 5,000만의 거대한 사회주의 국가인 중국, 10억 인구에 육박하는 인도, 그리고 겨우 32만의 인구를 가진 가산제 국가 브루네이, 인구 320만의 도시 국가 싱가포르에 이르기까지 크고 작은 다양한 형태의 나라들로 구성되어 있다. 아시아라는 지역은 역사, 문화, 민족, 종교 면에서 다양한 국가군으로 구성되어 있다. 이것은 아시아의 국가들이 제2차 세계대전 이후에 연이어 독립을 성취하고 일제히 국가 건설에 주력해 왔지만 국가 형성의 구체적 모습이나 특징, 정치 경제의 과정이 상당히 상이하다는 점을 말해 주고 있다. 그러나 흥미로운 것은 그럼에도 불구하고 독립 이후 50년간 국가와 사회의 움직임에서 어떤 공통점이 발견된다는 사실이다. 다양성과 공통성, 이들의 혼합적 공존이 현대 아시아 국가의 특징이라고 말할 수 있지만, 그 가운데서 공통성의 한 가지 측면이 국가 목표와 그 변천으로 나타나고 있다. 국가 목표의 변천을 더듬어 올라가는 것은 아시아 여러 나라의 반세기의 궤적을 거슬러 올라가는 것이기도 하다. 우선 그것을 국가 통합의 시대, 개발의 시대, 민주화의 시대 세 시기로 나누어 살펴보도록 하자.

국가 통합의 시대

오랜 식민지 지배로부터 겨우 독립을 성취해 낸 아시아 여러 나라는 정치, 경제, 사회, 국제 관계 등 여러 가지 문제와 과제에 직면하게 되는데, 그 중에서 가장 처음 직면했던 공통의 국가 과제는 국가 통합이었다. 왜 국가 통합이었을까? 그것은 독립 국가의 영역이 전통적 사회의 경계선과는 관계없이 식민지 종주국이 제멋대로 줄을 그어 만든 영역을 그대로 계승하였고, 그 사회가 식민지 시대에 아시아 각지로부터 다양한 이민을 받아들인 데에 기인한다. 결국 신생 국가는 전반적으로 본래 거주하던 토착 민족과 더불어 주변 지역의 소수 민족이나 중국과 인도로부터의 이민도 국민으로 포용하는 복합 사회였다. 그렇기 때문에 독립 지향이 강한 지방 분리 운동, 민족과 종교의 차이가 원인이 되는 분쟁, 또는 공산당의 반정부 활동이 빈번히 일어나 국가가 분해될 위기 상황에 놓였다. 따라서 국가 체제를 유지하기 위한 국가 통합과, 제각기 다른 의식을 가진 다민족 집단이 신생 국가에 대한 정치적 충성심을 갖도록 하는 국민 통합이 무엇보다도 중요한 과제였다.

구체적인 국가 통합의 방법과 과정은 나라마다 상이하게 나타났다. 많은 나라에서 폭력적 수단이 사용되었다는 점이 문제였으나, 1960년대 초반에 이르러서는 아시아 여러 나라에서 그러한 문제가 어느 정도 해소되었다. 그 이후의 정치 전개와 관련해서 주목할 것은 이런 과제를 달성하는 과정에서 많은 나라들에서 군부의 권력 장악과 지배 정당의 강권화가 나타났다고 하는 점이다. 즉 정치 체제론의 관점에서 본다면, 군정과 권위주의 체제의 등장이 1970년대 아시아 정치의 기조가 되었다.

개발의 시대

1960년대 후반에 이르자 아시아 여러 국가들이 공통적으로 국가 과제를 개발로 바꾸어 갔다. 개발이 새로운 목표가 된 데에는 여러 가지 요인을 들 수 있지만 중요한 몇 가지를 열거하면, 가난한 국민에게 어떤 식으로든 일용 양식을 제공하는 것이 경제적 자립에 있어 중요할 뿐만 아니라 국가의 임무 중 하나가 되었다는 점, 외국에 대한 경제적 의존(원조)이 정치적 종속으로 연결될 가능성이 있으므로 정치적 자립을 위해서도 식량 자립이 중요하였다는 점, 안정적 정치 체제를 확립하기 위해 풍요로운 국민 경제가 필요하다고 간주되었다는 점, 냉전의 영향을 받아 나타난 자유주의 국가와 사회주의 국가가 대립하는 구도에서 승리하기 위해서는 경제적 발전이 필수적이라는 점 등이다.

이처럼 여러 가지 요인이 결합되어 아시아 여러 국가들은 일제히 경제 개발이라는 과제를 추진하게 되었다. 그 당시 많은 정치 지도자들은 개발을 효율적으로 추진하기 위해서는 권위주의적인 정치 체제가 필요하고, 민간 자본이 발달하지 않은 상태에서 개발을 신속히 추진하기 위해서는 국가가 선두에 나설 필요가 있다고 생각하였다. 이 때문에 권위주의 체제와 국가 주도형이 결합된 개발 형태가 형성되었고 아시아 여러 국가들은 이러한 정치 경제 체제하에서 개발에 매진하게 되었다. 이러한 체제의 대표적인 국가로서 인도네시아의 수하르토 체제(33년간), 싱가포르의 인민행동당 체제(현재 36년째), 한국의 박정희와 전두환의 군사 체제(약 26년간), 대만의 국민당 일당 체제(38년간), 필리핀의 마르코스 체제(21년간), 말레이시아의 마하티르 체제(현재 20년째)를 들 수 있다. 이들 체제는 모두 괄호 안에 나타난 바와 같이 장기 집권이 특징이었으며 야당뿐 아니라 시민 운동도 억압하였다. 물론 일부 국가에서는 정부 비판 운동이 일어났지만 그것은 산발적인 수준에 지나지 않았으며 견고한 대중적 기반을 갖지 못하였다. 한 국가의 정치가 국가를 지배하는 집단과 이에 대항하는 사회 집단과의 상호 관계에 의해 움직인다고 한다면, 이 시대는 압도적으로 국가 우위의 시대였다.

1970년대 말이 되면서 이러한 체제하에서 눈부신 경제 성장을 이룩한 한국, 대만, 싱가포르가 홍콩과 더불어 신흥경제공업국(NIES)으로 불리며 세계의 주목을 받았다. 그리고 1980년대에 이르자 그 뒤를 따라 인도네시아, 말레이시아, 태국 등 다른 아시아 국가들도 성장 궤도에 오르는 데 성공하였다. 1993년에 세계은행이 발행한 아시아의 경제 성장 분석 자료에서는 이 국가들의 성장을 동아시아의 기적이라고 표현하였는데 이러한 아시아의 고도 성장은 위와 같은 체제하에서 나타났던 것이다.

민주화의 시대

그러나 1980년대 후반에 이르자 아시아 여러 국가들에서 차례로 민주화가 진행되었다. 미국의 정치학자 새무얼 P. 헌팅턴(Samuel P. Huntington)은 1970년대 중반에 남유럽에서 시작한 민주화를 민주화의 제3의 물결이라고 했는데, 그 파장이 아시아로까지 전파되었던 것이다. 개발의 시대에 정치 발전(민주화)을 무시하고 경제 발전을 우선시하는 군정이나 권위주의 체제의 억압으로 고통을 받아 온 아시아 사회가 잇달아 민주화 운동을 전개하기 시작한 것이다. 그러면 아시아에서 민주화의 물결은 어떤 것이었는가를 간단히 살펴보자.

민주화는 먼저 필리핀에서 시작되었다. 개발 독재를 추진해 왔던 마르코스 대통령은 1986년 대통령 선거에서 재선을 노렸으나 코라손 아키노 여사가 이끈 '황색 혁명' 앞에서 퇴진하였다. 다음 해에는 한국에서 학생과 시민에 의한 민주화의 요구가 고조되는 가운데 민주화 선언이 발표되었고, 군사 독재로부터 대통령을 국민 투표로 선출하는 민주적 대통령제로 이행하였다. 대만에서도 일당 독재를 유지해 온 국민당이 실질적으로 야당 결성의 자유를 인정하였고 오랜 동안 국민의 정치적 자유를 억압해 왔던 계엄령이 해제되었다. 주목할 사실은 이러한 민주화 운동의 발생이 자유주의 국가에만 국한되지 않았다는 것이다. 정치 관리가 엄격한 사회주의 국가였던 중국에서도 공산당 일당 독재를 비판하는 지식인 학생, 노동자에 의해 민주화 운동이 전개되었고, 1989년 6월에 공산당이 군대를 동원해서 이것을 탄압함으로써 천안문 사건이라는 비극으로 연결되었던 것이다. 이와 비슷한 시기에 미얀마에서도 1962년부터 계속된 군정에 대한 비판이 높아 가고, 아웅산 수지 여사를 지도자로 하여 민주화 운동이 고양되었다. 또한 태국에서도

1995년 5월, 국회에서 의석을 갖지 않은 군인이 총리로 취임한 것에 대한 시민의 분노가 폭발하였고, 이 시민 운동을 군이 탄압하여 피의 민주화 사건을 초래했지만, 군인을 정치의 무대로부터 끌어내리는 데는 성공하였던 것이다.

이처럼 1980년대 후반부터 1990년대 초에 걸쳐서 아시아 각지에 민주화 운동의 바람이 불기 시작하여 연쇄적으로 체제 변혁이 일어났다. 1970년대와는 달리 아시아 정치의 기조가 개발 대신에 민주화와 민주주의를 키워드로 하게 된 것이다. 이런 기조는 아시아 경제 위기 이후 현재까지도 계속되고 있다. 1997년 7월, 태국 바트화의 폭락으로 시작된 아시아의 경제 위기는 순식간에 인도네시아, 말레이시아, 한국 등에 파급되어 고도 성장을 구가해 온 아시아 경제를 불황의 나락으로 떨어뜨렸다. 그 후 적지 않은 나라에서 경제 위기가 정치 위기로 파급되어 장기 정권의 붕괴와 역사적 정권 교체 등 수많은 정치 드라마가 연출되었다. 그 대표적 국가가 인도네시아로, 1998년 8월 체제 부패에 대한 국민의 분노가 폭발하여 수하르토 독재 체제는 결국 붕괴하였다. 말레이시아도 경제 위기는 그런 대로 견디어 내었으나 경제 정책을 둘러싸고 지도자의 세대 교체 갈등이 표면화되어, 1998년 9월 마하티르 총리가 후계자인 안와르 부총리를 해임하였다. 한국은 경제 위기 극복을 위해 국제통화기금(IMF)에 긴급 지원을 요청하고 그 대가로서 국민은 희생을 강요당했지만, 그 가운데 실시된 1997년 12월의 대통령 선거에서 과거 박정희 정권하에서 박해를 받아 망명했던 경력을 가진 야당 후보 김대중이 승리하여 처음으로 여야간의 정권 교체가 실현되었다. 대만의 정권 교체는 이보다 더 극적이었다. 2000년 3월의 총통 선거에서 국민당 후보가 패배하고 야당인 민진당의 천수이볜〔陳水扁〕 전 타이베이 시장이 당선되어 반세기 동안 계속되었던 국민당 지배에 종지부를 찍었다. 이러한 일련의 정치 변동은 분명히 1980년대에 시작된 민주화의 연장선상에서 파악될 수 있으며, 한국과 대만에서는 민주화를 보다 더 추진시킬 수 있는 절호의 기회가 되었다.

이상이 제2차 세계대전이 끝나고 독립한 이래 현재 아시아 경제 위기에 이르기까지 아시아 여러 국가들이 걸어온 대체적인 경로이다. 물론 모든 국가가 이러한 세 가지 국가 목표에 따른 시기 구분에 정확히 들어맞는 것은 아니고, 세 가지 시기 구분의 경계가 그다지 명확한 것도 아니지만, 높은 경제 성장을 이룩한 나라는 대부분 이러한 시기 구분에 부응해 왔다고 할 수 있다.

대조적인 두 개의 키워드 : 개발주의 국가와 시민 사회

독립 후에 아시아 국가들이 겪어 온 정치 과정을 간단하게 개관하면 많은 국가들이 특히 과거 30년 동안 매우 유사한 정치 경제 과정을 경험하였음을 알 수 있다. 앞서 언급한 세 가지 국가 목표 중 특히 흥미로운 것은 1970년대 개발을 내세운 권위주의 장기 집권의 시대와 민주화 운동이 폭발한 1980, 1990년대와의 뚜렷한 대조이다. 아시아 국가들은 각기 고유의 역사·문화를 가지며 사회구조나 정치 경제 과정, 그것을 둘러싼 국제 관계는 서로 다르지만, 1970년대가 되자 '개발 독재' 또는 '개발주의 국가'로 불리는 동일한 정치 경제 체제로 수렴하였다. 그러나 1980년대 후반이 되면 이들 국가에서 권위주의 체제에 대한 비판이 등장하고 민주화가 진행되었다. 민주화가 전개된 데는 국내외의 다양한 요인이 작용했지만 그 주요한 요인 중 하나가 '시민 사회'였다.

1970년대와 1980년대 두 시대를 대비하면, 1970년대의 아시아는 국가 우위의 시대였지만 1980년대가 되면서 국가와 사회간의 정치 역학이 변화하여, 국가가 퇴진하고 사회가 대두하는 새로운 관계가 형성되었다. 이 책에서는 현대 아시아 정치의 움직임을 이같이 인식하면서 개발주의 국가와 시민 사회라는 키워드를 축으로 하여 큰 흐름과 특징을 설명하고자 한다. 개발주의 국가와 시민 사회가 무엇인지는 제6장과 제7장에서 자세히 알아보기로 하고, 여기서는 그 의미를 간단히 설명하고자 한다.

개발주의 국가란 무엇인가

1980년대 후반 동아시아 국가들이 높은 경제 성장을 이루자 이 것을 가능하게 한 정치 경제 체제에 대한 연구가 본격화되고 많은 연구자가 이 테마에 몰두하였다. 제2단계의 국가 과제인 개발의 실현을 표방하여 권위주의 체제와 국가 주도형을 특징으로 하는 정치 경제 체제가 등장하였는데, 이러한 체제에 대한 연구에서 '개 발 독재', '개발 정치', '억압적 개발 정치 체제', '개발 체제' 등 다양한 이름이 붙여졌다. 이것들은 명칭은 다르지만 정치적 억압, 국가 주도, 반공 이데올로기가 일체가 되어 자본주의적 개발을 하 는 체제라는 점에서 일치한다.

한편 같은 관심 속에서 국가와 경제 개발에 중심을 두고 동아시 아 국가를 유형화하는 시도도 이루어져 '개발주의 국가'가 제시되 었다. 이것은 본래 1925년에서 1975년에 이르는 일본의 경제 발전 과정을 분석하는 가운데 설정된 모델로, 한국, 대만, 인도네시아, 말레이시아, 싱가포르로 확대 적용되어 갔다. 개발 시대 동아시아 국가들의 정치 경제 체제는 일본이 모델이 된 개발주의 국가 개념 에서 파악하면 그 특징을 잘 이해할 수 있다.

그러면 개발주의 국가란 무엇인가? 이것은 정치 영역의 권위주 의 체제와 경제 영역의 국가 주도 개발이 짝을 이룬 국가 체제이 다. 왜 권위주의 체제인가? 아시아 국가들이 국가 통치를 추진할 때, 지방 분리 운동이나 반정부 집단을 진압하는 과정에서 군정이 등장하는 등 권위주의 체제로의 이행이 일어났으며, 이후에도 강권적인 정치 체제가 그대로 남아 있는 상태에서 새로운 목표(정통성)로 개발이 부가되었기 때문이다. 개발을 본격화하고자 하는데 사회에 충분한 산업 기반, 자본, 기술, 기업가 정신이 결여되어 있어 국가가 그것을 담당하면서 개발을 진행시켜야만 했으므로 국가 주도형 개발이 나타났던 것이다.

개발주의 국가의 핵심은 권위주의 체제와 국가 주도형이 결합된 개발 패턴인데, 이것은 단순히 아시아 국가들에서만 볼 수 있는 특수한 현상이 아니라, 경제 개발을 본격화하려던 많은 국가에서 나타났다. 개발이 본격화된 1970년대에는 개발주의 국가가 아시아의 일반적인 국가 형태로 자리잡아 이것을 축으로 개발이 전개되었다.

시민 사회란 무엇인가?

그러면 시민 사회란 무엇인가? 근래 세계 각지에서 주목을 끌고 있는 시민 사회는 개발주의 국가처럼 새로운 개념이 아니라 이미 유럽 정치에서는 오래 전부터 등장하여 근대 시기에 본격적으로 사용되었다. 그 후 잊혀졌다가 1980년대 말에 부활한 시민 사회는 민주주의와 마찬가지로 매우 추상적인 개념이어서 논자에 따라 다른 의미로 사용되는 경우가 많으므로 모든 사람이 공유하는 정의가 존재하는 것은 아니다. 제7장에서 시민 사회를 자세히 살펴볼 것이므로 여기서는 시민 사회가 주목받게 된 이유와 이 책에서 채택하는 시민 사회의 정의를 간단히 밝히고자 한다.

현대의 시민 사회에 대한 관심은 동유럽, 미국, 아시아 세 지역이 대표적이라고 할 수 있다. 최초로 시민 사회 개념이 사용된 것은 동유럽이었다. 제2차 세계대전 이후 동유럽에서는 소련의 영향 하에 공산주의 국가가 탄생하였으나 1980년대가 되자 공산당 독재 지배에 대한 국민의 비판이 강해졌다. 공산주의 국가에서 국민은 자유롭게 단체를 결성할 권리를 인정받지 못하였으나, 동유럽 국가들이 공산화되기 전에 국민들 스스로가 만들었던 노동조합, 교회 등의 조직이 공산당 독재에 반대하는 사람들의 활동 거점 또는 국가에 대항하는 운동을 상징하게 되면서 시민 사회라고 불리게 되었다.

미국에서도 1990년대가 되자 시민 사회에 대한 관심이 높아졌다. 본래 미국은 건국 시대부터 민주주의 의식이 강한 국가였으며 국민이 참가하는 여러 단체가 다양한 활동을 행하여 민주주의가 잘 기능하는 가운데 국민은 이들 단체에 어떠한 형태로든지 참여함으로써 사회적 결사의 방법을 배운다고 생각하였다. 사회의 다양한 단체나 조직을 시민 사회라고 하고 이것이 미국 민주주의를 지탱해 온 것이다. 그러나 1970년대가 되어 국민의 사회 단체 참여율이 저하되고 사람들이 제각기 행동하는 경향이 강해지자 일부 연구자들은 이것을 시민 사회의 위기, 나아가서는 민주주의의 위기로 간주하고 이런 위기 상황을 개선하기 위해 시민 사회를 주목하기 시작하였다.

아시아에서는 다음과 같은 이유로 시민 사회에 주목하였다. 개발주의 국가하에서 아시아는 성장을 이루어 풍요로운 계층이 증가하였는데, 이 계층에 속하는 사람들은 교육 수준이 높으므로 정치의식도 높다. 따라서 그들이 적극적으로 사회 활동에 참여하고 정치적 발언을 하며 권위주의 체제를 비판함으로써 민주화의 추진력이 되었다는 견해가 아시아 정치를 관찰하는 연구자 사이에서 확산되었으며, 이 계층이 참여하는 단체를 시민 사회라고 불렀다. 요약하자면 아시아에서 시민 사회는 권위주의 체제 비판이나 민주화와 관련된 것이다.

이처럼 시민 사회라고 해도 그 인식이나 이해 방식은 국가와 지역에 따라서 상당히 다르지만 전체적인 윤곽은 파악할 수 있다. 그렇지만 단순히 윤곽이 아니라 좀 더 명확한 정의를 내려보자. 형식적인 표현이기는 하지만 이 책에서는 시민 사회를 '국가로부터 자율적이며, 국민이 자발적으로 만든 사회 단체와 조직이 활동하는 영역'이라고 정의한다. 즉 전문가 단체, NGO(비정부 조직), 노동조합, 학생 운동, 종교 단체, 원조 단체, 공동체 조직, 기업 등 국가의 영향을 받지 않고 국민 스스로 만든 단체가 시민 사회 단체이고, 시민 사회는 이들 단체나 조직이 활동하는 영역을 가리킨다.

구체적으로 어떤 단체가 시민 사회에 속하는가는 국가별 실태를 검토하는 각 장과 제7장에서 고찰하기로 하고 여기서는 몇 가지 기본적인 것만 기술하고자 한다. 시민 사회를 NGO, 혹은 아시아의 성장 과정에서 등장한 사회 집단(중간층)이 만든 전문가 단체라고 이해하는 경우가 적지 않은데 이것은 옳지 않다. 민주화를 달성하는 중간층이나 NGO의 의의는 제7장에서 고찰하기로 하겠다. 그런데 중간층과 NGO가 시민 사회를 구성하는 주요한 조직과 집단이라는 것은 확실하지만 이들은 시민 사회 전체 중 일부에 지나지 않는다. 또한 국민 스스로 만든 단체나 조직을 시민 사회라고 부르는 경우도 있는데 엄밀히 말하면 이것도 옳지 않다. 앞에서 설명한 것처럼 이들 단체나 조직은 '시민 사회 단체'이며 시민 사회는 이들이 활동하는 추상적인 영역(공간)을 지칭하는 것이기 때문이다. 시민 사회는 국가와의 관계에서 국가(관료, 행정 기구, 사법, 경찰, 군) 이외의 다양한 사회 단체와 조직의 활동이다.

이 책에서는 주로 중간층에 초점을 맞추고 시민 사회를 살펴보고 있다. 그것은 제7장에서 설명하듯이 중간층이 파악하기 힘든 성향을 내포한 집단이기는 해도 개발에 따른 아시아 사회의 변화를 상징하는 존재라고 생각되기 때문이다. 그러나 독자의 편의를 고려하여 시민 사회와 시민 사회 단체라는 용어를 엄밀하게 구별하지 않고 사용하기로 한다.

현대 아시아 정치의 변증법적 상호 작용

이상이 이 책의 문제 의식과 접근법으로, 필자는 현대 아시아 정치가 개발주의 국가와 시민 사회의 변증법적인 상호 작용에 따라 움직여 왔다고 생각한다. 양자의 역학 관계를 살펴보면 1970년대는 압도적인 국가 우위의 시대였으나 1980년대 후반이 되자 시민 사회가 대두하여 현재는 국가와 시민 사회의 경합적 공존의 시대가 되었다. 즉, 우선 강한 국가가 등장하여 그 아래에서 추진된 개발과 성장이 시민 사회의 영역을 확대시킨다. 그리고 양자의 상호 작용으로 1980년대 후반부터 민주화가 시작되면서 '변증법적 상호 작용'이 전개되었다.

물론 아시아 정치를 움직이는 것이 국가와 시민 사회만은 아니며, 모든 나라가 단순히 국가와 시민 사회의 변증법에 따라서만 움직이는 것도 아니다. 그 이외의 요소도 중요하다. 예를 들어 각 국가의 역사 사회성으로 규정할 수 있는 요소들이 있다. 말레이시아는 '부미푸트라 체제', 한국과 대만은 '분단 국가' (대만에는 '성적(省籍) 모순'도 있다), 인도네시아는 '자바 · 이슬람 · 군부', 싱가포르는 '도시 국가'가 그것이고, 이 책에서는 다루지 않지만 태국은

'왕국', 중국은 '공산당'이 그것이다. 정도의 차이는 있지만 국가와 시민 사회가 모든 국가에서 발견되는 보편 요소라면, 이것은 특수 요인이다. 한 나라의 정치는 이 보편 요소와 특수 요소의 조합에 따라 움직이고, 특수 요소는 각국의 '개성'을 만들어 내는 요인이 된다. 즉 보편 요소가 현대 아시아 정치의 공통점을 만들어 냈다면 여기에 특수 요소가 가미되어 각국의 정치적 역학이 달라지고 개성이 생겨나는 것이다.

이 책의 관심과 시점은 이 특수성과 보편성 속에서 보편 요소에 착안하여 아시아 국가들의 공통점을 파악하는 것이다. 이렇게 함으로써 한 국가의 특수성을 넘어서서 아시아 전체의 흐름을 파악할 수 있다고 생각하기 때문이다. 다시 말해서 현대 아시아 정치에서 과거 30년 정도의 기간에 구조적 변화가 일어났다는 인식을 바탕으로, 개발주의 국가와 시민 사회라는 두 가지 키워드를 축으로 광범위한 조류의 변화를 파악해 보는 것이 이 책의 목표이다.

한국 | 군사 독재에서 민주화로

▶ 군사 독재 정권과 개발
▶ 변화하는 한국 사회
▶ 국가와 시민 사회의 상호 작용
▶ 한국 정치의 과제와 진로

제2차 세계대전 이후 한반도는 일본의 식민지 지배로부터 해방되었으나 미소 냉전의 영향을 받아 한국과 북한, 두 개의 국가로 분열되었다. 한반도의 남반부를 차지하며 현재 4,650만의 인구를 가진 한국은 북한과의 냉엄한 군사적·정치적 대립과 1950년의 한국전쟁으로 인한 전국토의 파괴 등 최악의 조건하에서 국가 건설을 진행해 왔다. 그러나 최악의 환경 조건에도 불구하고 1970년대 박정희 대통령에 의해 시작된 '유신 체제' 하에서 적극적으로 개발이 진행되어 '한강의 기적'이라고 불리는 고도의 경제 성장을 이루어 내는 데 성공하였다. 한국은, 아시아는 물론 제3세계를 대표하는 개발 모델국이 되었고 현재 선진국 대열에 진입할 정도로까지 발전을 이루었다.

그러나 이렇게 현저한 경제 발전을 이룩한 시기의 정치 체제로 눈을 돌려보면, 한국 정치는 분단 국가라는 외적 요인이 있다고는 해도, 엄격한 군사 독재가 장기간 계속되어 '암흑의 군정', '독재 정치', '권위주의 체제' 라는 수식어로 언급되는 것이 보통이었다. 1980년대 중반이 되어서야 군부 지배 정치가 종식되고 민주주의가 논의되기 시작하였다. 군사 독재와 고도 성장의 표리 관계, 이것이 현대 한국의 모습이었다. 이 장에서는 한국의 개발과 성장이 어떠한 정치 체제하에서 행해졌는가, 그것에 의해서 한국 사회가 어떻게 변화되어 왔고, 정치 체제에 어떠한 파급 효과를 미쳐서 군정으로부터 민주주의 체제로 이행하였는가를 살펴보고자 한다. 한국에서 국가와 시민 사회가 어떠한 상호 작용을 거쳐왔는가, 과거 40년간의 궤적을 살펴보자.

1_군사 독재 정권과 개발

박정희 독재 정권과 유신 체제

1961년 5월 16일, 박정희 소장이 이끄는 장교와 병사 약 3,500명 이 쿠데타를 일으켜 민정 장면 내각을 무혈로 붕괴시켰다. 박정희 소장은 쿠데타의 이유를 "정당 정치가에 의한 극단적인 민주화, 자 유화가 정치와 사회를 혼란하게 하였다. 북한과 대치하는 긴장된 상황 속에서는 반공을 국시로 국민의 경제 생활 재건을 최우선으 로 할 필요가 있기 때문"이라고 밝혔다. 쿠데타 이후 박정희 소장 은 즉시 계엄령을 선포하여 국회 해산과 정치 활동 금지를 명령하 고, 의원내각제와 이원제를 폐지, 대통령제와 일원제를 도입하는

박정희와 5·16 쿠데타의 주역들

헌법 개정을 단행하였다. 한편, 노동조합을 강제로 해산시키고 새로운 노동조합을 만들어 노동자를 엄격한 관리하에 두었으며, 야당 정치가 탄압, 정당 활동 금지 등을 통해 정당도 억압, 관리하였다. '군정'에서 '민정'으로 탈바꿈하기 위해 실시된 1963년 10월의 대통령 선거에서 박정희는 대통령으로 당선되었다. 이것으로 군부 지배의 제도화가 완성되었다.

선거를 통해서 국민으로부터 선출되었다는 형식적인 정통성을 획득하자 박정희 대통령은 장기적인 권력을 확립하는 데 매진하였다. 그 당시까지 헌법은 대통령의 3선을 금지하고 있었으나 1969년 가을, 헌법을 개정하여 대통령 3선으로의 길을 열었다. 1971년 4월 실시된 선거에서는 박정희 대통령이 53.2%의 표를 얻어 아시아 경제 위기 이후 대통령에 당선된 김대중 후보를 근소한 차이(45.3%)로 누르고 다시 당선되었다. 김대중 후보는 이 선거에서 박정희 대통령을 비판하는 세력의 표를 얻었으나 그 후 박해를 받아 일본 망명 중인 1973년 8월 치안 조직에 납치되어, 만약 미국이 개입하지 않았다면 한국으로 극비 송환되던 중 살해될 운명에 처했었다는 것이 나중에 밝혀졌다.

이처럼 박정희 대통령은 강권으로 정적을 배제하고 지배 체제를 확립하였으나 1970년대에 접어들면서 한국을 둘러싼 국제 환경이 크게 변화하였다. 북한의 군사 게릴라 활동 활성화, 닉슨 독트린에 따른 주한 미군의 축소·철수 등 한국을 둘러싼 안전 보장과 국제 관계의 조건이 보다 악화된 것이다. 이 때문에 국가 체제가 위기 상황에 처했다고 판단한 박정희 대통령은 1972년 10월 17일, 계엄령을 발포하고 국회 해산, 정당 활동의 금지, 헌법의 일부 정지를 명령하였으며, 같은해 11월에는 대통령에게 권한을 집중시키는 신헌법을 제정하였다. 신헌법은 대통령 4선 금지 규정을 삭제하고 대통령 임기를 4년에서 6년으로 연장하는 등 박정희 체제를 보강하는 제도가 포함되었다. 이것이 독재 체제를 더욱 강화하기 위한 '유신 체제'이다. 이러한 독재 체제를 유지하는 데 중요한 역할을 수행한 정부 조직의 하나가 중앙정보부(KCIA)*라는 치안·첩보 기관으로서, 이를 통하여 국민의 정치 활동을 감시하고 정치적 자유를 억압하였다.

유신 체제는 전형적인 군사 독재 체제로서 안전 보장 문제에 대처하면서 경제 발전을 추진하는 것에 체제의 정통성을 두었다. 박

---

* **중앙정보부(KCIA)**_5·16 군사쿠데타 직후에 창설되어 안보와 관련된 정보, 첩보 활동을 임무로 하였다. 내정 개입, 대미 의회 공작에도 관여하여 강력한 정권 유지 기관으로 변화되었다. 전두환 정권 이후에는 국가안전기획부로 명칭이 바뀌었다가 다시 국가정보원으로 바뀌었다.

정희 대통령은 개발을 위해 강력한 정치 체제가 필요하다고 보았다. 따라서 강력한 정치 체제는 국가 유지와 경제 발전을 위해 불가피한 전제 조건이라고 주장하고 그 제도적 기반 위에서 경제 발전을 추진해 갔다. 이로써 한국에서 개발주의 국가가 성립하였다. 이미 1961년의 쿠데타 이후에 그 기본적 성격은 갖추어져 있었지만 1972년에 이르러 외형뿐만 아니라 내용도 완성된 것이다. 한국 경제는 박정희 개발주의 국가하에서 눈부신 성장을 이루었지만 박정희 독재 체제는 예기치 못한 형태로 갑자기 종언을 맞이하게 되었다.

박정희 암살과 전두환 대통령의 강권 정치

1979년 10월 26일, 회식 자리에서 박정희 대통령이 심복인 김재규 중앙정보부장에게 피살되는 사건이 발생하여 한국 사회에 충격을 주었다. 사건의 배경을 살펴보면, 1977년에 미국에서 인권을 내세운 카터 대통령이 당선되어 한국에 인권 압력을 가하자, 이러한 움직임에 호응하여 국내에서는 야당 정치가, 학생, 종교 단체 등으로부터 권위주의 체제에 대한 비판이 높아졌다. 이렇게 박정희 대통령의 억압 정치에 대한 국민의 비판이 표면화되어 각지에서 항의 시위나 폭동이 빈발하자 사태를 우려한 일부 군인이 박정희 대통령을 배제한 정치 체제의 창출을 목적으로 사건을 일으켰다. 이

때까지 박정희 독재 체제는 견고하고 안정적이라고 여겨졌지만, 실제로는 내부 분열과 치열한 권력 투쟁이 전개되고 있었다. 박정희 대통령이 암살된 후 최규하가 대통령으로 취임하자 독재 정치의 멍에로부터 해방된 야당 정치가, 학생들 사이에서 유신 체제의 철폐와 계엄령 해제를 요구하는 민주화 운동이 고조되었다. 당시의 이 운동을 '서울의 봄'이라고 하며, 활발하게 전개되었을 때에는 서울에서 15만 명의 학생이 시위에 참가하였다고 한다. 그러나 민주화 운동은 단기간의 꿈으로 끝나고 결국 군부 내의 새로운 세력이 권력을 장악하게 된다. 박정희 대통령이 암살된 후 군부는 적극적으로 군이 권력을 잡아야 한다고 주장하는 그룹과, 정치적 중립을 주장하는 그룹 등으로 분열되었으나, 결국에는 권력 장악을 주장한 전두환 구 보안사령관과 노태우 등이 1979년 12월 12일 '12·12쿠데타'를 일으켜 정적들을 제거하고 권력을 잡았다. 전두환은 내부 기반을 견고하게 하고 반정부 민주화 운동의 탄압에 착수하였다. 우선 1980년 5월 17일에 계엄령을 발동하여 '서울의 봄'을 탄압하고 주축이 되었던 야당 정치가를 일제히 체포하였다. 그러나 체포된 사람들 중 한 사람인 김대중의 지역 기반 광주에서는 정부 비판 운동이 더욱 강해져서 학생, 시민들이 유신헌법 철폐 등을 요구하고 대규모 가두 시위를 벌여 시가를 점거하였다. 이에 정부는 5월 18일, 공수 부대를 파견하여 시위를 진압하였는데, 이것

5공특위 및 광주특위에서 증언하는 전두환

이 바로 정부 발표에 의하면 193명(광주측 발표로는 2,527명)의 사망자가 발생한 '광주민주화운동'이라는 대참사였다. 나중에 전두환은 광주민주화운동에 대한 책임을 엄중하게 추궁당하게 된다. 여하튼 반정부 운동을 진압하는 데 성공한 전두환은 1980년 9월 1일, 대통령에 취임하였다. 그 후 미국의 지지를 얻는 데도 성공하여 체제 기반이 더욱 안정되자, 1981년 1월에 계엄령을 해제하고 대통령 임기를 7년으로 연장하는 헌법 개정을 단행하였으며, 1981년 2월 선거에서 대통령에 재선되었다(간접 선거 방식, 득표율 90.1%).

이와 같이 박정희 독재 정권 이후 등장한 전두환 정권은, 군의 강권 정치에 의존한다는 점에서는 박정희 정권과 전혀 차이가 없었다. 또한 경제 정책도 박정희 시대의 개발 정책을 계승하여 지속적인 고성장을 추구하였다. 개발주의 국가의 관점에서 보면 박정희 시대와 전두환 시대는 연속성을 띤다고 볼 수 있다.

한강의 기적

　군사 독재 체제하에서 개발과 발전은 어떻게 이루어졌을까? 박정희 대통령은 권력을 장악한 직후부터 경제 개발에 주력하여 1962년에 '제1차 경제개발 5개년계획'(1962~1966)을 시작하였다. 많은 발전 도상국이 수입 대체형에 의존하는 개발 전략을 추진하고 있었으나 박정희 대통령은 1964년 5월에 수출 지향형으로 신속하게 전략을 전환하였다. 그리고 1972년에 성립된 유신 체제 이후에는 개발 전략의 중점을 중화학 공업화로 전환하였다. 한국의 경제 개발의 진행과 특징에 대해 분석한 연구서는 많다. 그러나 이책에서는 그 개발 과정을 살펴보는 것이 목적이 아니므로 한국의 경제 개발 초기 단계에 중요한 역할을 수행한 두 가지 특수한 '정치' 요소를 지적하고자 한다.

　하나는 한일 국교 정상화에 따른 일본의 개발 자금 공여이다. 1965년, 일본과 한국이 우여곡절 끝에 국교 정상화를 이루자 일본은 무상 경제 협력, 장기 저리 차관, 민간 융자 등의 형태로 상당한 자금을 한국에 제공하였다. 이것은 한국의 경제 사회 개발에 필요한 인프라 정비나 전략적 산업을 설립하는 자금으로 사용되었다. 또 다른 한 가지는 베트남 특수이다. 미국의 베트남 군사 개입은 1965년에 본격화되었으며 반공을 국시로 하는 한국은 1965년 8월을 시작으로 합계 5만 명의 전투 병력을 파견하였다. 베트남 전쟁에 관여한 것은 단순히 미국과의 정치적 동맹을 증명한다는 점에 그친 것이 아니라 경제적 이점을 가지고 있었다. 전쟁이 격화됨에 따라, 한국의 베트남 관련 수출은 1965년 7,520만 달러에서 1969년 에는 2억 9,630만 달러로 급증하였다.

이러한 특수 요인이 작용하는 가운데 1970년대가 되자 한국 경제는 비약적인 성장을 이루었다. 국가 주도로 개발이 이루어지는 과정에서 자주 지적되는 흥미로운 존재가 '재벌'이다. 이것은 제2차 세계대전 이전 일본의 미쓰이[三井] 재벌이나 미쓰비시[三菱] 재벌과 유사한 기업 그룹으로서, 현대그룹이나 삼성그룹 등이 현대 한국을 대표하는 거대 그룹이라고 할 수 있다. 어떤 의미에서는 한국의 경제 발전은 국가(군부와 관료)와 재벌의 공동 작업이었다고 해도 과언이 아니다. 그렇다면 왜 재벌이어야 했을까? 그것은 당시 한국이 처해 있었던 국제 환경과 관련이 있다. 일반적으로 아시아 국가들의 개발 과정에서는 일본과 미국의 직접 투자가 경제 성장의 견인차 역할을 수행하였다. 그러나 한국의 경우는 고통스러운 일본 식민 지배의 경험으로 반일 내셔널리즘이 매우 강화되어 있었고, 북한과의 대치 상황에서 전쟁의 위험성 때문에 한국에 투자하고자 하는 선진국 자본은 거의 존재하지 않았다. 따라서 한국은 외국 자본을 도입하는 개발 방식을 선택하지 못하고, 한국 자본 주체의 개발, 즉 정부가 한국 기업을 육성하는 개발 방식을 택할 수밖에 없었다. 이렇게 해서 재벌이 한국의 개발을 담당해 왔지만, 1997년의 경제 위기 이후에는 어떻게 재벌에 대한 의존에서 벗어날 것인가가 한국 경제의 최대 과제가 되었다.

2_ 변화하는 한국 사회

성장과 도시화

1961년 이후 박정희 군사 독재 체제, 특히 유신 체제하에서 진행된 개발의 결과 한국은 눈부신 경제 성장을 이루었다. 자주 인용되는 수치인 1인당 국민소득(GDP)을 보면, 개발이 시작된 시기인 1962년에는 87달러에 지나지 않았지만 1970년에는 272달러, 아시아 경제 위기 직전인 1996년에는 1만 548달러까지 증가되었다. 개발과 성장에 따른 사회 변화를 상징하는 것이 도시화일 것이다. 1960년에는 한국의 총인구 2,499만 명 중 수도 서울의 인구는 245만으로 9.8%를 차지하였으나, 1990년에는 총인구 4,341만 명 중 서울의 인구는 1,061만 명으로 전체의 24%를 차지, 국민의 4명 중 1명이 서울에 거주하는 극단적인 인구 집중이 나타나고 있다. 1990년 한국 제2의 도시인 부산의 인구는 380만 명으로 전체의 8.8%를 차지하는데, 이를 서울 거주 인구와 합치면 국민의 33%, 즉 3명 중 1명이 2대 도시에 사는 것이므로 도시 집중도가 매우 높다고 할 수 있다. 중요한 것은 이러한 도시화가 중간층의 대두 및 민주화와 밀접한 관련을 가지고 있다는 점이다.

개발주의 국가하에서 한국 사회는 억압적인 군정이었으나 눈부신 경제 성장을 이루었는데, 이 두 가지 특징을 잘 나타내 주는 흥미로운 자료가 있다. 박정희 대통령이 암살된 10년 후인 1989년 한국의 한 신문이 박정희 대통령의 공적과 과오에 관하여 앙케이트를 실시하였다(복수 응답 가능). 이것에 의하면 공적으로서 '경제 성장·빈곤의 극복'(61.0%), '새마을 운동, 농촌 개발'(59.0%)이, 과오로서 '장기 집권'(56.8%), '군부 정권'(39.4%)이 상위에 지적되었다. 지난 몇 년 사이 한국에서는 박정희 체제를 '재평가'하려는 분위기가 고조되고 있는데, 성장과 군사 독재를 각각 공적과 과오로 지적하는 국민은 박정희 체제가 어떤 성격의 체제였는지를 잘 알고 있다고 볼 수 있다.

국민 의식의 변화

앞서 살펴본 바와 같이 한국이라는 개발주의 국가의 지배자는 정치가가 아니라 군부였고, 군인 출신 대통령인 박정희와 전두환이 국가를 통치하였다. 많은 국가에서 군정을 엄중히 비판하고 이것에 대항하는 세력으로서 정당(정치가나 야당)이 대두되는 경우가 많지만, 흥미롭게도 한국에서는 야당 정치가가 항상 억압받았으므로 학생이 대신 그 역할을 수행하였으며, 1980년대에는 여기에 신자가 850만(국민의 약 25%)에 이르는 기독교 교회와 언론이 가세하였다. 이들이 바로 시민 사회 단체이다. 특히 학생 운동은 1960년에 이승만 독재 정권을 타도하는 주도 세력이었으며 이것은 문자 그대로 '4·19학생혁명'으로 불려졌다. 1972년에 박정희 대통령이 헌법 개정을 강행하여 대통령에게 권한을 집중시키는 유신 체제를 확립했을 때도 가장 강경하게 반대한 것이 학생이었고, 1980년의 '서울의 봄'이나 '광주민주화운동'에서도 학생들이 정부 비판의 선두에 섰다. 학생 운동이 계속해서 군정에 대한 최대 비판 세력으로 존재하는 구도, 이것은 전두환 체제하에서도 변함이 없었다. 이것은 학생 운동이 항상 군정의 탄압 대상이라는 것을 의미하며, 실제로 폭력 장치를 독점하는 군은 치안 능력을 강화하여 학생 운동을 어떻게든 억압하면서 권력을 유지해 왔다. 따라서 한국에서 군정 지배가 종식되기 위해서는 학생 운동 이외의 새로운 사회 집단의 대두가 필요하였다.

이러한 점에서 주목할 가치가 있는 것은 개발주의 국가가 추진한 개발에 의해 체제 비판에 일익을 담당하는 사회 집단이 창출되었다는 점이며, 이것이 바로 중간층이다. 어떠한 직업층의 사람들을 중간층으로 보는가에 대해서는, 아시아 각국의 통계 기준이 달라서 일률적으로 정의 내리기는 어렵다. 한국 연구자들 사이에서는 '급여 소득층', '지식인층', '비농 자영업층', '화이트칼라 노동자'라는 4가지 직업층을 중간층으로 간주한다. 이것에 따르면 중간층이 사회 전체에서 차지하는 비율은 1960년의 19.2%에서 1980년에는 36.2%로 증가, 일반 노동자 등 다른 직업층을 제치고 1위를 차지하였다. 그리고 1985년에는 국민의 53%가 스스로를 중간층(중류 계층)이라고 생각하고 있다는 연구 자료도 있다.

요약해서 말하면, 개발과 성장으로 중간층이 증가하여 한국의 사회 구조가 변화하였는데 중간층의 정치 의식, 구체적으로는 그들이 군정과 권위주의 체제에 대해서 어떠한 생각을 가지고 행동하는가가 중요한 문제이다. 한 사람 한 사람의 의식을 확인하는 것은 불가능하지만, 중간층이 막연하게나마 한국 정치를 민주화할 필요가 있다고 느끼고 있었음은 몇 가지 예를 들어 증명할 수 있다.

그 중 하나로, 언뜻 보기에 정치와는 아무 관계도 없는 것처럼 생각되는 국제적인 스포츠 이벤트를 들 수 있다. 1988년에 서울에서 올림픽이 개최되었는데 이것은 1964년의 도쿄에 이어 아시아에서는 두번째로 열린 것이었다. 근래 몇 년 사이에 상당히 상업주의화된 올림픽을 일부에서는 강하게 비판하지만, 당시 한국 국민에게는 올림픽이 국제 사회로부터 한몫을 하는 국가로서 인식된다는 '자부심'을 부여하는 효과를 확실하게 가지고 있는 것으로 인식되었을 것이다. 그 당시까지 한국의 국제적 이미지는 위험한 냉전 분단 국가, 빈곤한 발전 도상국, 군사 독재 국가라는 것이었다. 그러나 국민들이 올림픽을 계기로 풍요로운 국가, 민주적인 국가, 책임 있는 국제 사회의 일원이라는 이미지로 전환되기를 희망하였다는 점에서 올림픽은 민주화와 관계가 있다. 특히 중간층이 국제 사회의 일원으로서 부끄럽지 않은 정치 체제를 확립하길 원한다는 것은, 제7장에서 살펴보겠지만, 그 사회적 성격에 따른 자연스러운 움직임이기도 하다.

또 한 가지는 1985년의 국회의원 선거이다. 이 선거에서 전두환 정권에서 여당이었던 민주정의당이 국회 276의석 중 148의석(비례 득표율 35.2%)을 획득하여 승리하였는데, 주목할 것은 창당 이후 불과 1개월도 지나지 않은 야당인 신한민주당이 67의석(비례득표율 29.3%)이나 획득하였다는 것이다. 이러한 선거 결과는 국민(중간층은 36%)이 군부 중심의 정치 체제에 불만을 가지고 있음을 드러내는 증거로 볼 수 있다.

이처럼 1980년대가 되자 국민의 의식이 변화하고, 학생 등 일부 첨예한 사회 집단뿐 아니라 일반 시민(중간층)도 정치 변화를 희망하게 되었다. 학생, 기독교 단체, 언론 등 기성 사회 집단에 중간층도 가세하여 정치에 참여하기 시작하였는데, 이것은 국가가 압도적이었던 한국에서 시민 사회 영역이 확대되었음을 의미한다. 이로부터 한국의 민주화 운동이 본격화되어 가는데, 과연 한국은 어떤 민주화 과정을 거쳤으며 시민 사회는 어떻게 변화한 것일까?

3_ 국가와 시민 사회의 상호 작용

시민 사회의 대두와 6 · 29민주화선언

민주화 운동은 구체적으로 군정 퇴진 요구와 대통령 선출 방식을 간접 선거에서 직접 선거로 바꾸자는 헌법 개정 요구로 나타났다. 처음에는 운동의 참여자는 학생, 노동자, 야당 등으로 한정되었다. 전두환 정권은 박정희 시대부터 계속된 높은 경제 성장을 유지함으로써 중간층이 '중립적' 입장을 지키도록 할 수 있었다. 그러나 1982년 5월에 '장영자 사건'(전두환 대통령의 친족이 관계된 거액의 어음 사기 사건)이 터지면서 체제 부패와 부정이 확연하게 드러났다. 게다가 1987년 1월 14일, 민주화 운동에 참여한 한 학생(박종철 군)의 고문 치사 사건을 경찰이 은폐하려 했던 사실이 나중에 드러났다. 이 두 사건은 중간층으로 하여금 체제에 대해 강한 비판 의식을 갖게 하는 결정적인 계기가 되었다. 그 후 민주화 운동에는 학생, 노동자, 야당, 기독교 운동가를 비롯하여 농민, 중간층, 헌법 개정 요구서를 발표한 대학 교수, 지식인 등 사회의 모든 계층과 집단이 가세하였다. 즉, 시민 사회가 총체적으로 참여하는 운동이 되었다. 체제 부패에 격노한 국민은 시위와 대중 집회를 통해 민주화를 요구하며 부패한 정부에 대한 비판을 강화하였고, 1987년 6월 10일에 개최된 대규모 국민 집회(6월 9일 연세대생 이한열 군이 시위 진압 과정에서 사망한 것이 계기가 됨)에서 참가자들은 헌법 개정과 전두환 대통령 퇴진을 주장하였다.

국민의 민주화 요구와 대통령 퇴진 요구가 거세지자 6월 19일, 이한기 총리는 이러한 시위가 계속된다면 강권을 발동(무력 진압이나 계엄령)할 수밖에 없다고 말하며 민주화 운동을 위협하였다. 이로 인해 정치 긴장이 고조되면서 국가와 시민 사회의 대규모 충돌에 의해 다수의 희생자가 속출하는 비극이 발생할 우려가 있었으나, 이때 미국이 교섭을 통한 정치적 해결을 하도록 압력을 가해왔다. 이를 계기로 정부가 야당과 개헌에 대한 교섭을 재개하기로 합의하자 민주화 운동은 더욱 힘을 얻어, 6월 26일 '국민평화대행진'에는 전국 37개 주요 도시에서 약 180만 명이 참여하였다.

민주화 요구와 시위가 격화되는 가운데 1987년 6월 29일, 정부 내 온건파 그룹을 대표하는 노태우 민주정의당 대표는 대통령 직접 선거로의 헌법 개정과, 체포·투옥 중인 야당 정치가의 석방 등을 내용으로 하는 선언을 발표하였다. '6·29민주화선언'이라고 불리는 이 선언은 이 외에도 언론의 자유 회복과 지방 자치제의 존중 등 8개 항목으로 구성되어 있다. 이것은 군사 독재 시대에는 생각할 수도 없었던 획기적인 자유화와 민주화를 실현하고자 하는 것이었다. 이처럼 1970년대와 1980년대 후반에는 국가와 시민 사회의 역학 관계에 큰 변화가 발생하여 시민 사회의 힘이 결국 군정(국가)의 힘에 대폭 근접해 갔다. 민주화 선언이 어떻게 국민을 군정의 속박에서 해방시켰다는 것인가? 예를 들어 1986년에 276건이었던 노동쟁의 건수가 1987년에는 3,749건으로 13.6배나 증가하였다. 국민은 과거보다 자유롭게 의사를 표현하고 행동할 수 있게 된 것이다.

1987년 12월, 민주화 운동의 최대 목표였던 대통령 직접 선거가 실시되었다. 이것은 민주화 이후 한국 정치의 방향을 결정하는 중요한 선거로, 여당이었던 민주정의당의 노태우, 통일민주당의 김영삼, 평화민주당의 김대중, 신민주공화당의 김종필 등 4명이 입후보하였다. 이 중 노태우는 구체제의 군인이었고, 나머지 3명은 군정에 의해 억압받던 베테랑 정치가였지만, 결과는 야당의 분열로 인해 36.6%를 득표한 노태우가 승리를 거두었다. 노태우는 전두환 전 대통령의 실질적인 후계자라고 볼 수 있으므로, 이 선거는 한국 정치가 권위주의 체제에서 민주적인 체제로 이행해 가는 가운데, 군부가 권력을 상실한 것이 아니라 오히려 '연착륙'에 성공했음을 의미한다.

그러나 1988년 4월의 국회의원 선거에서 여당은 불과 125의석에 그치고(과반수 150의석), 야당 3당이 합계 164의석을 획득하여 여소 야대의 상황이 되었다. 이로 인해 노태우 대통령은 체제 기반을 강화하기 위해, 1990년 1월, 여당인 민주정의당(노태우 대통령)과 야당인 통일민주당(김영삼), 신민주공화당(김종필) 등 3당이 합당하여 신당 '민주자유당'을 창당한다고 발표하였다. 이 거대 정당의 탄생으로 노태우 체제의 정치 기반은 적어도 숫자상으로는 안정성을 갖게 되었고, 군부는 민주화 선언으로 연착륙에 성공한 후 유력 야당 정치가를 회유하여 체제를 강화해 갔다. 이를 바꿔 말하면, 유력 야당 정치가들이 민주화 운동 중에는 군부 세력을 타도 대상으로 삼았으나, 민주화 이후에는 이들과 손을 잡기 시작한 것이다. 군정 종식 후 군부 세력과 정당 세력의 합종연횡이 전개되는 과정에서 야당에서 여당으로 입장이 바뀐 김영삼은 노태우 대통령의 유력한 후계자 지위를 확보하였다.

노태우 대통령은 이 안정된 정치 기반을 기초로 국내에서는 권위주의 체제의 청산과, 대외 관계에서는 국제 관계 개선에 주력하였는데 특히 대외 관계의 움직임이 주목받았다. 취임 다음해인 1988년 9월에 개최된 서울 올림픽은 국제 사회에서 한국의 이미지 개선에 기여하였고, 노태우 대통령은 이를 배경으로 1990년 9월에는 소련, 1992년 8월에는 중국과 국교를 수립하였다.

한국은 민주주의 체제로 이행한 후 비로소 냉전 체제로부터 벗어나려는 움직임을 진전시켰다.

민주화를 촉진한 세 가지 요소

노태우 대통령에 의한 일련의 민주화 정책과 국제 관계의 개선에도 불구하고 한국 정치가 박정희, 전두환 시대의 개발주의 국가로부터 완전히 탈피한 것은 아니었다. 그러나 1970년대의 한국 정치와 비교하면 많은 변화가 있었다. 한국에서 '위로부터의 민주화'가 이루어지고 그것이 일정한 성과를 거둔 요인은 다양하지만 여기서는 국내외의 세 가지 요소를 지적하고자 한다.

첫째, 국내 사회의 변화이다. 1980년대 이전까지 한국의 정치 변동에서 군부를 제외하면 학생이 결정적으로 중요한 행위자였다. 1960년 이승만 독재 체제 타도는 학생 혁명에 의한 것이고 박정희 체제 비판에서도 학생이 중심을 이루었다. 그러나 다른 한편으로 한국에서 진정한 정치 변혁이 일어나기 위해서는 새로운 사회 집단의 등장이 요구되었다. 1987년의 민주화 운동에서는 학생, 노동자, 농민, 기독교 운동가에 중간층도 가세하였음이 확인되고 있다. 당시의 한국의 젊은 세대를 '386세대'라고 하는데, 1990년대 기준으로 연령이 30대이고, 80년대에 대학에 다녔으며 60년대에 출생한 사람들을 가리킨다. 정치에 관심이 많았던 이들 젊은 세대가 당시 군정 타도에 앞장섰던 것이다. 즉 민주화를 촉발한 첫째 요인은 경제 성장에 따른 한국 사회의 변화와 광범위한 사회 집단의 대두였다. 둘째, 제7장에서 다시 설명하겠지만, 1986년 필리핀 마르코스 체제 붕괴에서 얻은 교훈이다. 한국의 군사 체제는 마르코스 독재 체제와 유사한 면을 가지고 있었다. 군부가 만약 민주화를 계속 거부한다면 국민의 분노를 사서 체제 붕괴를 초래할 것이라는 비판이 제기됨에 따라 권력 유지를 목적으로 '위로부터의' 민주화를 단행하였다고 생각된다. 셋째, 이것도 제7장에서 다루겠지만, 미국의 동향이다. 한국은 북한과 첨예하게 대치하는 분단 국가이므로 안전 보장이 최대의 국가 과제였다. 궁극적으로 그것을 보증하는 것이 미국(주한 미군)이었으므로, 한국이 국제 사회 속에서 지위를 확보하더라도 미국의 후원은 필수적이다. 그런데 이 시기의 미국은 동맹국에 대하여 민주화를 요구하고 있었으므로 군부가 미국의 지지를 계속 받으며 체제를 유지하기 위해서는 민주화 이외에는 선택의 여지가 없었다.

이와 같은 국내외의 다양한 요인이 복합적으로 작용하여 한국의 민주화가 진행된 것이다. 이것은 현대 국내 정치가 국제 정치의 동향과 연계되어 있음을 나타내는 사례라 할 수 있다.

민주화 이후의 3김 정치

이렇게 하여 한국은 개발주의 국가로부터 탈피하기 시작하였지만, 그것이 단숨에 진행되어 개발주의 국가와는 전혀 관련이 없는 신세대(예를 들면 앞서 소개한 386세대)에게 정치가 이관된 것은 아니다. 민주화 이후인 1990년대는 과도기라고 할 수 있는데, 이 시기에 정치를 이끈 것은 1970년대부터 활약하면서 계속 군정의 억압을 받아온 '3김(김영삼, 김대중, 김종필)'이라 불리는 베테랑 정치가들이었다. 군정 후계자와 이들 베테랑 정치가들간의 관계는 앞에서 부분적으로 소개하였다. 극단적으로 말하면, 당시의 민주화는 군정의 억압을 받았던 베테랑 정치가를 정치의 전면에 내세우는 효과를 내는 데 지나지 않았다. 그러면 3김 정치가 어떠한 것이었나 잠시 살펴보자.

1992년 12월 대통령 선거의 후보자는 민주자유당의 김영삼, 민주당의 김대중, 통일국민당의 정주영 등 3명이었다. 이 중 김영삼과 김대중은 정당 정치가였지만 정주영은 이색적인 후보자였다. 한국의 경제 발전은 거대 기업 그룹이 이끌었는데, 정주영은 한국 최대의 기업 집단인 현대그룹을 세운 전설적 기업가로서 기성 정치를 비판하며 자신의 정당을 창당하여 선거에 참여한 것이다. 군인도 정당 정치가도 아닌 정주영이 어느 정도 표를 모을 것인가가 주목받았지만, 결과는 여당의 김영삼이 42.0%의 득표율로 승리하였고, 김대중이 33.8%, 정주영은 16.3%에 그쳤다.

기성 정치의 틀을 바꾸는 변화는 나타나지 않았지만 1992년의 대통령 선거는 이색적인 재계 인사가 입후보하고 군부 정치와 결별했다는 점에서 의의를 찾을 수 있다. 이제까지 역대 대통령인 박정희, 전두환, 노태우는 모두 군인 출신이었지만 김영삼은 정당 정치가로 문민에 속하기 때문이다. 취임 후에 김영삼 대통령은 주요 군 지도자를 경질함으로써 군인을 정치 무대에서 배제하고 민간인이 군부를 철저하게 통치하는 조치를 추진해 갔다. 그뿐 아니라 금융 실명제*의 실시, 정치가의 자산 공개, 정치개혁법 제정 등의 개혁을 연이어 단행하여 한국 정치의 투명성을 높이는 데 힘썼다.

그러나 임기 후반에 대통령의 측근이 관여한 거액 부정 융자 사건이 드러나 지지율이 급락하자, 김영삼 대통령은 지지율을 회복하려는 의도에서, 전직 대통령의 강권 정치, 부정 부패의 적발, 1980년의 '광주민주화운동' 진상 해명에 주력하였다. 전두환 전 대통령은 1979년 박정희 대통령 암살 이후 쿠데타로 권력을 장악하고, 광주민주화운동을 부당하게 탄압하였다는 이유로 체포, 투옥되었다(무기 징역, 나중에 특별 사면). 노태우 전 대통령도 재임 중의 부패를 이유로 재판을 받았다(징역 17년, 나중에 특별 사면). 이것은 한국 정치에서 과거의 군정을 청산한다는 점에서는 정당화되지만, 다른 한편으로 정권 유지를 위한 희생양 만들기였다는 점도 부

----

*금융 실명제_ 은행, 우체국 등 모든 금융 기관과의 거래를 실명화하고 사채 시장의 해체를 꾀하는 조치였다.

정할 수 없다. 그러나 이 과감한 인기 회복책에도 불구하고, 1997년 1월에 거대 재벌의 하나인 한보그룹과 대통령 측근의 거대 금융 스캔들이 터지자 김영삼 대통령의 권위는 실추되었다.

이와 같은 상황 속에서 1997년 7월, 태국에서 경제 위기가 발생하였다. 가을에는 한국에도 파급되어 경제가 파탄 직전에 이르자 정부는 노동자의 해고와 재벌 개혁 등 IMF(국제통화기금)의 엄격한 개혁 조건을 받아들이고 IMF 관리하에서 경제를 재건하게 되었다. 1970년대의 고도 성장으로 한국은 개발 도상국 가운데서 우등생으로 칭송받아 왔으나 경제 기반은 의외로 허약했음이 드러난 것이다. 한국이 경제 위기로 동요하는 가운데 1997년 12월에 실시된 대통령 선거는 특히 주목을 받았다. 선거에는 4명이 입후보하였으나 실질적으로는 여당인 한나라당의 이회창 후보와 야당인 새정치국민회의(새천년민주당으로 당명 변경) 김대중 후보간의 대결로 압축되었다. 선거 결과 김대중이 1,032만 표(40.3%), 이회창이 993만 표(38.7%)를 얻어 근소한 차이로 김대중 후보가 승리하였다. 김대중이 승리한 요인은 여당의 경제 정책이 실패하였다는 것과 야당이 단일 후보를 내세울 수 있었다는 점에 있었다. 어쨌든 이것은 한국 정치 사상 최초의 평화로운 여야 정권 교체라는 획기적인 사건이었다.

당선 이후 김대중 대통령은 12 · 12쿠데타와 비자금 사건으로 유죄를 선고받고 복역중이던 전두환 전 대통령과 노태우 전 대통령

대통령 당선소감을 밝히는 김대중

의 특별 사면에 동의하였고, 1998년 2월 대통령에 취임한 후에는 IMF 노선에 따른 한국 경제의 재건을 진행시켜 갔다. 이러한 김대중 대통령의 경제 개혁 가운데서 주목을 받은 것은 재벌 개혁이었다. 1절에서 살펴본 것처럼 한국의 경제 개발을 담당한 것이 재벌이었고, 이는 한국 경제 개발의 특징이기도 했으나, 경제 위기로 유력 재벌의 하나인 대우그룹이 파산하는 등 이제는 재벌이 한국 경제 불신의 원흉으로 여겨지게 되었다. 이것은 한국이 1996년에 선진국 그룹인 OECD(경제협력개발기구)에 가입하여 발전 도상국의 대열에서 벗어났다고는 하지만, 정치뿐 아니라 경제에서도 개발주의 국가 시대 청산과 탈피가 아직 해결해야 할 과제로 남아 있음을 의미한다.

4_ 한국 정치의 과제와 진로

지역주의와 허약한 정당 조직

1960년대부터 현대까지 한국 정치의 통치자를 살펴보면 우선 군부 통치자의 시대로 군인 출신 대통령인 박정희, 전두환이 군림하였다. 이 두 체제는 군부의 독재를 특징으로 하며, 야당 정치가, 학생 운동, 기독교 운동을 힘으로 억압하였으며, 테크노크라트(전문적인 기술과 지식을 가진 관료)와 재벌의 힘을 빌려 고도 성장을 추진하였다. 여기서 전형적인 개발주의 국가의 모습을 찾을 수 있다. 그러나 개발이 심화됨에 따라 불가피하게 사회 변화가 나타났다. 한편으로는 도시 중간층이 양산되고 다른 한편으로는 야당, 학생, 노동자, 농민, 교회 운동, 매스컴 등 군부 독재 체제하에서 억압받던 집단이 재활성화된 것이다. 이에 따라 시민 사회가 결집하여 민주화 운동이 본격화되면서 1980년대 후반에는 군인을 정치의 무대에서 끌어내리고 권위주의 체제로부터 민주주의 체제로 이행하는 데 성공하였다. 1987년 민주화 선언을 기점으로 통치 집단이 단계적으로 군부에서 정당 정치가로 변화하고, 국민의 정치 활동을 규제하였던 억압적 제도가 점차 철폐되어 정치적 자유가 회복되었다. 그리고 민주화 이후인 1990년대의 한국 정치를 주도한 것은 김영삼, 김대중, 김종필 등의 베테랑 정치가로서, 이들에 의해 개발주의 국가의 청산이 진행되었다. 그러면 한국 정치는 아무런 문제 없이 모든 것이 순조롭게 진행될 것인가? 결코 그렇지 않다. 개발주의 국가의 시대에 비해 오히려 더 많은 난제와 과제가 산적해 있다. 여기서는 포스트 개발주의 국가 시대의 과제를 포괄적으로 나열하기보다는 중요한 몇 가지만을 지적하기로 하겠다.

한국이 극복해야 하는 정치 과제의 하나로서 현대 한국 정치를 논의할 때 자주 지적되는 '지역주의'를 들 수 있다. 지역주의와 정치는 어떠한 관련이 있는지, 구체적인 수치를 보면 쉽게 알 수 있다. 한국은 전국이 9개의 정치 · 행정 지역으로 나뉘어 있다. 1992년 대통령 선거에서는 실질적으로 김영삼과 김대중, 두 후보가 경쟁하였는데 김영삼의 출신지는 경상남도, 김대중은 전라남도였다. 두 후보의 득표율을 보면 경상남도에서는 김영삼이 72.2%, 김대중이 9.2%인데 비해, 전라남도에서는 김영삼이 4.2%, 김대중이 92.2%로 나타나 극단적인 지역 집중성을 엿볼 수 있다. 제4장에서 살펴볼 말레이시아에서는 '종족'이 국민의 정치 행동이나 투표 행동을 결정하는 기준이 된 것에 반해, 한국에서는 지역이 그런 역할을 수행한 것이다. 국민이 종교, 언어, 민족, 혹은 지역을 정치의 선택 기준으로 삼는 것은 많은 국가에서 나타나는 현상이고 특별한 것이 아니라고 간주할 수도 있지만, 문제는 지역 정치에는 폐해가 있다는 것이다. 전라남도 출신의 김대중 대통령이 등장하기까지 박정희, 전두환, 노태우, 김영삼 등은 모두 경상도 출신으로 정 · 관계 요직에 동향 사람을 우대하는 경향이 있었다. 즉 '지배자 집단' 경상도, '피지배자 집단' 전라도라는 구도가 생겨났으며, 1980년의 '광주민주화운동'의 배후에도 이 구도가 깔려 있는 것으로 간주되었다. 한편 김대중이 대통령으로 당선된 후 이러한 경향은 여전히 사라지지 않고, 이번에는 '정 · 관 · 재계'의 분야에 전라도 출신에 대한 우대가 나타났다. 유의할 점은 지역주의는 예전부터 한국 사회에 존재해 온 것이라기보다는 '3김 정치'와 함께 1970년대에 나타난 현상으로서, 흥미롭게도 군인이 정치 무대에서 퇴장하고 정당 정치가가 전면에 등장하자 더욱 강화되었다는 사실이다. 이를 극복하는 것이 한국 민주주의 정치의 중요한 과제 중 하나이다.

정당의 존재 양식도 정치 과제의 하나로 지적할 수 있다. 한국 정치 전문 연구자들을 제외한다면 한국에 관심이 있는 사람이라도 김대중이나 김영삼 등 정치가의 이름은 잘 알고 있지만 소속 정당명을 말하는 것은 매우 어려운 일이다. 실제로 김대중은 이제까지 다섯 번이나 신당을 창당하는 등 정당과 정치가의 이합집산이 심하게 나타났다. 즉 유력 정치가에게 정당은 조직이라기보다 권력을 잡는 수단에 불과하였고, 만약 현재의 정당이 잘 운영되지 않을 경우에는 다른 정당을 만들면 된다는 식이었다. 이것이 한국 정치에서 정당의 실태로서(태국, 필리핀도 한국형에 가깝다) 이러한 모습은 뒤에서 살펴볼 대만(국민당), 말레이시아(통일 말레이인 국민조직), 싱가포르(인민행동당)와 비교하면 두드러진 대비를 이룬다. 대만, 말레이시아, 싱가포르에서 정당은 정치가 개인보다 상위에 위치하여 강령을 가진 견고한 조직으로서 인식되며 실제 그와 같이 기능하고 있다. 물론 '너무 강한' 정당에도 폐해가 있지만, 한국 정치의 틀이 안정되고 정치가 개인의 이해에 따라 움직이는 폐해를 막기 위해서는 정당의 조직화가 필요하다.

여하튼 한국은 다양한 정치 과제를 안고 있지만, 국가와 대비하여 시민 사회의 시대로 변화해 가고 있다고 할 수 있다. 그러나 군사 독재의 개발주의 국가 시대가 모두 나쁘고, 시민 사회 시대가 되면 모든 것이 잘 되리라고 할 수는 없다. 현재 3김 등 정치가와 관계 및 재계의 유착과 부패 등의 문제가 심각해지고 있는데, 시민 사회는 이에 대해 어떤 식으로든 행동을 취해야 하는 상황이다. 민주주의의 정착이란 사실 개발주의 국가의 청산보다 훨씬 어려운 문제이다. 이 과제를 향한 시민 사회의 흥미로운 움직임을 한 가지 소개하겠다. 2000년 4월 한국의 총선거에는 몇 개의 시민 사회 단체가 연합하여 '2000년 총선 시민연대'를 조직하였다. 이 연대는 각 당의 후보자 중 과거에 부패, 선거법 위반, 반인권 행위 등의 경력을 가진 후보자의 명단을 발표하고 낙선 운동을 펼쳤다. 실제로 명단에 포함된 86명 중 60명이 선거에서 낙선하였다. 이것은 시민이 자신의 손으로 정치(혹은 정치가)를 견제하는 구조를 창출한 것을 의미하며, 민주주의 정착을 향한 시민 사회의 시도라는 점에서 주목할 가치가 있다.

남북 통일의 영향

그러면 앞으로 한국 정치의 진로는 어떻게 될 것인가? 보통 다른 국가의 경우에는 국내 정치가 어떻게 될 것인가에 관심이 더 집중되지만, 한국은 분단 국가이므로 대외 관계인 통일이 최대의 정치 과제이고, 그 진행 과정이 가장 중시된다. 이 점에서 볼 때 제2차 세계대전 이후 분단된 한반도의 역사에서 획기적인 사건이 일어났다. 2000년 6월 13, 14일에 분단 후 처음으로 남북 정상회담이 실시되어 한국의 김대중 대통령과 북한의 김정일 국방위원장이 굳은 악수를 교환한 것이다. 이 역사적 회합으로 많은 한국 국민이 감격했고 실현될 기미가 전혀 보이지 않았던 '조국 통일'을 전망할 수 있게 되었다. 아시아의 분단 지역 가운데 다음 장에서 살펴볼 대만과 중국의 경우, 한쪽은 무력을 행사해서라도 통일을 주장하고, 다른 한쪽은 자립성을 주장하므로 통일에 대한 합의가 이루어지지 못하였다. 한반도에서는 사고의 차이가 있지만 기본적으로 통일에 대해서는 양쪽 모두 합의하고 있다. 이러한 합의하에서 북한은 '연방국가' 안을, 한국은 김대중 대통령이 '연합국가'로부터 '연방국가'로 나아가는 2단계 과정안을 제시하고 있다. 2000년 12월에는 김대중 대통령이 한반도의 역사적 화해를 한층 진전시킨 공로로 노벨평화상을 받았으며 이로써 통일을 향한 움직임은 앞으로도 더욱 가속화될 전망이다.

그렇지만 통일 앞에는 많은 장벽이 가로놓여져 있는 것도 사실이다. 그 중 가장 중요한 것이 한국과 북한의 극심한 경제 격차일 것이다. 한국은 경제 개혁의 문제를 안고 있긴 하지만 '선진국 경제'의 대열에 진입한 데 비해, 북한은 경제 생활의 최소한의 요건인 식량마저 외국의 원조에 의존해야 하는 상황이므로, 과연 이 두 국가의 '대등한 합병'이 가능한가는 섣불리 예측하기 어렵다. 또한 한국에서는 선거에서 여당이 자기편에 유리하도록 남북 정상회담을 불과 투표일 3일 전에 발표하는 등, 여전히 통일 문제가 양국 국내 정치(정권 유지)의 소재로 이용되는 것으로 끝날 가능성이 있음도 부정할 수 없다. 게다가 중국, 러시아, 미국 등 세계 대국의 이해와 입장도 연관되어 있다. 그러므로 간단하게 남북 통일이 진전되리라고는 생각할 수 없으며, 지금도 계속 통일 문제가 한국 정치를 규정하고 있다는 사실은 틀림없다. 마치 냉전 체제가 한국의 국제 정치와 국내 정치의 선택과 행동을 규정한 것처럼, 앞으로는 통일을 고려한 정치 행동이 요구되는 것이다. 통일이 어떠한 형태로 실현될 것인가, 그 시기가 5년 후일까, 10년 후일까, 그렇지 않으면 더 먼 미래일까를 예측하기는 어렵지만, 통일은 단순히 국가 차원(정치가, 관료, 군부)에서 생각하면 되는 것이 아니라 국민(시민 사회)의 입장도 고려해야 한다는 것이 핵심이다.

한국 연표

1948. 8	대한민국 정부 수립, 이승만 초대 대통령 취임
1950. 6	6·25전쟁 발발
1960. 3	제5대 정·부통령 선거 실시. 대통령 이승만, 부통령 이기붕 당선. 마산에서 부정 선거 규탄 데모
1960. 4	4·19혁명 발발. 이승만 대통령 하야, 허정 과도내각 성립
1960. 6	제2공화국 대통령에 윤보선 선출
1961. 5	5·16군사쿠데타, 장면내각 총사퇴. 혁명위 국가재건최고회의로 개편
1961. 7	최고회의 의장에 박정희 소장 취임. 반공법 공포. 경제재건 5개년 계획 발표
1962. 1	제1차 경제개발 5개년계획 성안
1962. 3	윤보선 대통령 사임, 박정희 대통령권한대행
1962. 12	박정희 최고회의 의장, 민정이양절차 발표
1963. 10	대통령선거 실시(박정희 당선)
1963. 12	제3공화국 발족(새헌법 발효), 박정희 제5대 대통령 취임, 제6대 국회 개원
1964. 10	한·베트남, 베트남 지원을 위한 국군 파견에 관한 협정 체결
1965. 1	국무회의 베트남 파병 의결
1965. 7	한·미행정협정 조인(1967. 2. 9. 발효). 제2차 경제개발 5개년계획 공표
1965. 10	존슨 미국 대통령 한국 방문
1967. 5	제6대 대통령 선거(박정희 당선)
1968. 1	1·21사태, 북한 무장공비 31명 서울 침입
1968. 5	제1차 한·미 국방장관회의(워싱턴)
1971. 2	제3차 경제개발 5개년계획 발표

1971. 4	제7대 대통령선거 실시(박정희 당선)
1971. 12	국가보안법 국회서 변칙 통과
1972. 8	박정희 대통령, '경제안정과 성장에 관한 긴급명령' 발표(기업 사채 동결), 남북적십자사 첫 본회담 평양에서 개막
1972. 10	박정희 대통령, 특별선언 발표, 계엄사 포고 제1호로 대학 휴교, 신문·통신 사전검열제 실시
1972. 11	유신헌법 확정
1972. 12	통일주체국민회의, 제8대 대통령에 박정희 선출, 유신헌법 공포
1974. 1	박정희 대통령, 긴급조치 1호(개헌논의 금지)·2호(비상군법회의 설치)·국민생활안정을 위한 긴급조치 3호 선포
1974. 8	대통령부인 육영수 피격 서거
1974. 11	포드 미국 대통령 내한, 한·미정상회담 후 공동 성명 발표
1975. 2	유신헌법 찬반 국민 투표 실시(찬성 73.11%)
1976. 6	제4차 경제개발 5개년계획 발표
1977. 5	하비브 브라운 미국 대통령 특사, 박정희 대통령과 회담, 철군문제 협의
1978. 7	제2기 통일주체국민회의 대의원 집회에서 박정희 후보 제9대 대통령 당선
1979. 6	카터 미국 대통령 내한
1979. 10	김영삼 의원 제명, 학생시위로 부산에 비상계엄령 선포, 마산·창원에 위수령 선포, 박정희 대통령 김재규 정보부장에 의해 피격 사망(10·26사태), 대통령권한대행에 최규하 국무총리 취임
1979. 12	통일주체국민회의 제10대 대통령에 최규하 선출, 수사당국 정승화 육참총장 박정희 대통령 시해사건 관련혐의로 연행(12·12사태)
1980. 5	5·18광주민주화운동
1980. 7	계엄사 김대중 등 37명 내란음모혐의로 기소
1980. 8	최규하 대통령 하야, 전두환 제11대 대통령에 당선

1980. 10	제5공화국헌법 확정
1981. 2	전두환 제12대 대통령 당선
1981. 9	제84차 IOC총회, 제24회 하계올림픽경기대회 서울 개최 의결
1984. 1	미국 대통령 레이건 한반도 안정 위해 남북한과 미·중국의 4자회담 제의
1985. 5	전국 80개 대학 3만 8,000여명, 광주사태 진상 규명 요구 시위
1988. 2	노태우 제13대 대통령 취임, 제6공화국 출범
1988. 9	제24회 서울 올림픽경기대회 개최
1988. 11	전두환 전대통령, 자신의 재임 중에 일어났던 비리를 시인·사과하고 재산 일체를 국가에 헌납하기로 발표
1989. 2	헝가리와 국교 수립(공산권 국가로는 처음)
1990. 1	노태우·김영삼·김종필, 청와대에서 3당 통합 선언
1991. 4	고르바초프 대통령, 소련국가원수로는 처음으로 한국(제주도) 방문
1991. 9	유엔총회에서 남북한유엔가입안 만장일치 통과
1992. 1	노태우 대통령과 부시 미국 대통령 정상회담
1992. 2	남북한, 두만강개발회담 실무 접촉에서 나진·선봉지구 개발에 공동 보조하기로 합의
1992. 4	정부, 쌀을 제외한 모든 농산물을 개방한다는 내용의 농산물협상이행계획서 GATT에 제출
1992. 5	제7차 남북고위급회담 개최
1992. 12	제14대 대통령선거 실시, 김영삼 당선, 베트남과 대사급 외교 관계 수립
1993. 2	김영삼 제14대 대통령 취임
1993. 3	북한 핵확산금지조약(NPT) 탈퇴 선언
1993. 8	김영삼 대통령, 금융실명거래 및 비밀보장에 관한 대통령긴급재정경제명령 발표
1994. 1	서울지검, 장영자 재구속

1995. 1	정부, 부동산실명제 7월 1일부터 실시 확정 발표
1995. 6	대북 지원 쌀 동해항 출발, 청진항 도착
1995. 11	노태우 전대통령, 뇌물수수 혐의로 서울구치소에 수감
1995. 12	전두환 전대통령, 안양교도소에 수감, 국회 '5·18민주화운동' 등에 관한 특별법안' 의결
1997	아시아 외환위기
1998. 2	김대중 제15대 대통령 취임
2000. 4	총선시민연대 조직
2000. 6	남북정상회담

대만 | 국민당 일당 독재에서 정권 교체로

▶ 국민당 독재 정권과 개발
▶ 성장과 대만인 의식의 대두
▶ 리덩후이의 민주화
▶ 대만 정치는 어디로

대만은 면적 3만 6,179㎢(남한 면적의 약 1/6)로 일본의 규슈보다 약간 좁은 국토에 약 2,200만의 인구가 살고 있는 아시아의 분단 국가의 하나이다. 현대 대만 정치는 국민당 정부가 대만에 '이전'하면서 시작되었으며, 국민당은 중국 대륙으로의 반격을 꾀하면서 대만 땅위에 일당 독재 체제를 세운 후 그것을 기반으로 경제 개발에 진력해 왔다. 그 결과 한국과 유사하게 눈부신 경제 발전을 이룩하였으며 1970년대 말에는 NIES(신흥 경제공업국)로 불리게 되었다. 흥미로운 것은 경제 발전에 뒤이어 1980년대 후반에 이르면서 민주화가 일어났다는 점으로, 국민당의 리덩후이[李登輝] 총통하에서 민주화가 본격적으로 진행되어 일당 지배가 끝나고 2000년 3월에는 민진당 정권이 탄생하여 평화로운 선거 분위기 속에서 역사적인 정권 교체가 이루어졌다.

이런 대만의 정치 경제 과정은 제1장에서 살펴본 한국과 놀랄 만큼 유사하다. 냉전을 원인으로 하는 분단 국가, 국내의 철저한 독재 체제, 그것을 기초로 한 경제 성장이 그러하고 민주화도 대체로 같은 시기에 이루어졌다. 대만 정치는 독재 정치, 개발, 민주화라는 전형적인 모델의 길을 걸어 왔다고 할 수 있으나 1980년대에 이르면서 대만인 의식이 대두하고 자립의 움직임이 강해지는 등, 대만 특유의 정치 사회 요소가 나타나기 시작하였다. 이 장에서는 현대 대만 정치가 어떠한 맥락 속에서 전개되어 왔는지를 과거 50년의 움직임을 통해서 알아보고자 한다.

1_국민당 독재 정권과 개발

외래 국민당 정권과 일당 독재 체제

1895년부터 반세기 동안 대만을 식민지 지배했던 일본이 패전한 1945년 8월, 국민당은 중국의 정통 정부가 되어 중국 대륙과 대만을 그 통치하에 두고 곧바로 대만 통치를 준비하기 시작하였다. 그러나 국민당은 1949년, 중국 본토에서 중국공산당과의 최후 결전에서 패하고 만다. 중국공산당이 1949년 10월 1일, 중화인민공화국의 수립을 선포하자 국민당은 대만으로 '이전'하여 반격의 기회를 엿볼 수밖에 없었다. 대만에서의 국민당 정치가 시작된 것이다.

국민당 정부의 이전과 더불어 국민당 관계자, 군인, 관료, 그 가족 등 약 150만 명이 대만으로 건너갔다. 흥미로운 것은 베이징의 고궁박물관이 소장하고 있던 귀중한 유물의 일부도 이들과 함께 대만으로 건너감으로써 중국의 일부가 그대로 대만으로 옮겨지게 되었다는 것이다. 그러나 대만에 거주하고 있던 주민의 입장에서 볼 때 과거 수백 년 동안 대만의 지배자는 항상 외부에서 온 사람들이었으며, 이번에도 국민당이 '제멋대로' 들어와서 자기들을 통치하는 억압적 체제를 만들어 낸 것에 지나지 않았다. 이 때문에 현대 대만 정치를 규정하는 '중국 대 대만'이라는 외부 대립 구조에 추가해서, '외성인(外省人) 대 본성인(本省人)'이라는 내부 대립 구조가 생겨나게 된다. 후자는 '성적모순(省籍矛盾)'이라 불리는 것으로서 1980년대의 대만인 의식의 형성과 연관되는데, 그것을 살펴보기 전에 외래 국민당 정권이 대만 땅에서 어떤 지배 체제를 구축하였는지를 알아볼 필요가 있다.

국민당 일당 독재 체제의 기초는 공포 정치를 바탕으로 만들어졌다. 처음에 대만 주민은 일본군의 지배가 끝나면서 중국의 통치가 시작되는 것을 환영하고 기대했지만, 실상은 단순히 일본을 대신해서 외래의 국민당이 대만 주민을 배제한 채 정치 체제를 구축한 것에 불과하다는 사실이 명백해지기 시작하였다. 그 때문에 주민들의 불만이 높아 갔고 1947년 2월 27일, 타이베이 시가에서 관리의 고압적인 태도에 분개한 주민의 반발로 일어난 작은 사건이 국민당 정부에 대한 대규모 폭동으로 확대되면서 순식간에 대만 전체 지역으로 퍼져나가게 되었다. 이에 대해 국민당은 대륙으로 부터 원군을 파견받아 철저하게 진압하였고 이 사건을 절호의 기회로 삼아 비판적인 성향을 가진 대만의 유력자와 지식인을 완전 소탕하였다. 그것이 '2·28사건'이다. 이 사건으로 숙청된 대만인의 수는 2만 8,000명에 달하였다. 이것은 과거 일본의 대만 통치에 항거하다 숙청당했던 대만인들의 수와 거의 비슷한 것으로, 이 사건이 대만 주민에게 얼마나 큰 충격을 주었는가는 쉽사리 추측할 수 있다. 또한 이러한 공포 정치를 통해 국민당의 대만 지배의 기초가 마련되었다는 사실도 부인할 수 없다.

국민당은 대만으로 이전한 후 '당·군·국가'라는 세 주체가 일체가 된 통치 체제를 만들어 냈다. 중국 통치 시대에는 수많은 파벌이 존재했으나 대만 이전 후에는 장제스[蔣介石]·장징궈[蔣經國] 부자를 주축으로 한 '장씨 가문'의 국민당이 되었고, 정치적 라이벌인 공산당을 본떠서 중앙 집권적인 당조직 체제를 만들었다. 국민당의 독재 체제는 두 가지 제도에 의해 뒷받침되고 있었다. 하나는 국민당으로의 권력 집중이고, 또 하나는 국민당을 제외한 정치 집단이나 시민 사회에 대한 억압이었다. 전자는 1948년 제정된 '반란진정동원시기 임시조항'을 통해 총통에게 긴급 조치용의 강력한 권한을 부여함으로써 그 기초가 마련되었다. 사실상 이 조항

은 앞으로 있을 중국 대륙 무력 반공을 목표로 한 국가 동원 체제
를 갖추기 위해 헌법을 초월하는 권한을 총통에게 부여한 것인데,
그것이 얼마나 강력한 것이며 국민당 지배를 위해 얼마나 편리한
것인가를 보여 주는 다음과 같은 일례가 있다. 헌법은 총통의 임기
를 6년으로 하고 3선을 금지하고 있으나 국민당은 '임시조항'을
활용하여 총통 선출이 헌법의 제약을 받지 않도록 하였다. 이에 따
라 1960년 장제스는 총통으로 3선되었을 뿐 아니라 1975년 현직에
서 사망할 때까지 5선을 역임하였다. 대만은 헌법을 토대로 한 통
치를 실시해야 했으나 국민당은 실질적으로 헌법을 완전히 무시하
고 외면한 채 1991년 5월, '임시조항'을 폐지할 때까지 자신들 마
음대로 정치를 자행하였던 것이다.

   후자는 국민당 이외의 정당의 결성을 인정하지 않는 것으로 상
징되며 그것을 보장해 준 것이 1949년 5월 20일에 발포된 계엄령이
었다. 이를 바탕으로 국민당은 치안 유지라는 명목하에 국민의 어
떠한 정치 활동도 관리·억압할 수 있는 권한을 갖게 되었다. 더
나아가서 계엄령과 관련된 치안 관계법, 신규 신문의 간행 금지령
등을 통해 국민의 정치 활동의 자유와 언론의 자유를 완전히 봉쇄
하였다.

국제 사회에서 고립된 대만

이렇게 해서 대만에서 국민당의 일당 독재 체제가 확립되었는데 대만이 국가로서 존재할 수 있었던 이유는 바로 미국이 방패 역할을 해왔기 때문이었다. 무엇보다도 내전에서 중국 공산당에게 패한 국민당이 살아남을 수 있었던 것은 그 다음해인 1950년에 한국 전쟁이 발발하여 미국이 중국 봉쇄를 위해 대만 해협에 개입했기 때문이었다. 반공을 국시로 하는 미국은 중국을 대표하는 것이 중국 대륙을 지배하는 공산당 정부가 아니라 중국의 일부 지역에 불과한 대만을 통치하는 국민당 정부라고 하면서, 대만을 지지하여 그 정치적 표현으로 대만이 국제연합에서 의석을 계속 유지할 수 있도록 해주었던 것이다.

그러나 1970년대에 들어서면서 대만과 국민당 정권을 둘러싼 국제 환경이 크게 변하였다. 닉슨 대통령이 미국의 중국·대만 정책의 역사적 전환을 시도하여 중국을 승인하고 대만을 포기하기로 한 것이다. 1972년 2월, 닉슨은 역사적인 중국 방문에서 중국을 승인하고, 1979년 1월에 미국은 대만과 단교하기에 이른다(그러면서도 실질적인 관계는 유지하였다). 이러한 미국의 움직임을 따라서 서구 여러 나라들도 일제히 대만과의 국교를 단절하고 중국을 승인하였으며, 일본도 1972년 9월, 다나카(田中角栄) 총리가 중국을 방문하여 국교를 수립하고 대만과는 단교하게 되었다. 이와 같은 일련의 움직임을 통해서 국제 정치에서 대만과 중국의 입장은 완전히 역전되었다. 대만은 1971년 10월에 국제연합을 탈퇴함으로써 국제 정치에서 고립되는 처지에 이르렀다.

한국에서 1970년대 초 국제 환경의 격변 속에서 박정희 독재 체제를 더욱 강화한 '유신 체제'가 등장하였다는 점은 앞에서 지적하였다. 대만도 같은 시기에 이와 유사한 심각한 국제 환경에 직면하게 되었지만 정치 체제 자체는 눈에 띄게 변한 것이 없었다. 그이유는 간단하다. 즉 1950년에 이미 국민당 일당 독재 체제가 제도적으로 완성되어 있었기에 그 이상의 제도화나 국민 관리를 강화할 필요가 없었기 때문이었다. 대만의 경우 이 시기에 국제 환경의 격심한 변화는 정치 체제의 강화가 아니라 개발을 향한 움직임을 보다 활발하게 촉진시키는 결과를 가져왔다.

대만의 개발 패턴

서론에서 논의한 대로 동아시아 여러 나라들의 개발과 성장은 '개발주의 국가'라고 불리는 정치 경제 체제하에 진행되었는데 대만 역시 마찬가지였다. 단지 대만의 경우 국민당은 개발을 위해 독재 체제가 필요하다고 하여 새롭게 개발 독재를 창출할 필요가 없었다. 이미 1950년대에 국민당의 독재 체제가 형성되어 있었기 때문에 그 정치 체제 위에 개발을 새로운 국가 목표로 삼기만 하면

되는 것이었다. 이것이 대만의 개발주의 국가 형성 과정이었다.

국민당 지배하에서 경제 개발은 이미 1950년대에 시작되었다. 대만의 개발주의 국가 시대의 경제 개발 과정은 3단계로 나눌 수 있다(劉進慶). 제1단계는 1953~1963년의 초기 성장기, 제2단계는 1964~1973년의 고도 성장기, 제3단계는 1974~1979년의 불안정 성장기이다. 이 구분에서 볼 수 있듯이 대만으로 이전 후 개발에 착수하여 1960년 하반기에는 성장 궤도에 올라섰다는 것을 알 수 있다. 다른 나라에 비해서 비교적 일찍 개발이 시작되었다는 것인데 그 이유 중의 하나는 이미 설명한 대로 체제의 정치 기반 확립을 위해 시간을 소모할 필요가 전혀 없었기 때문이었다.

대만을 둘러싼 국제 관계가 급변하는 가운데, 국민당의 최고 지도자 장제스가 1975년 4월 87세로 사망하였는데도 아무런 정치적 혼란이 뒤따르지 않았다. 오랫동안 병중에 있었던 장제스를 대신해서 이미 그의 아들 장징궈에게 실권이 이양되어 있었기 때문이었다(장징궈 총통의 재임 기간은 1978~1988). 장징궈는 국제 세계에서 고립된 대만이 살아가기 위한 방편을 경제 발전에서 찾았다. 이미 1973년 11월에 인프라 정비와 중화학 공업화를 목적으로 한 '10대 건설' 계획을 발표하였는데 이는 대만 전체의 고속도로 · 철도망의 정비와 고속화, 신국제 공항의 건설, 제철소 · 조선소 · 석유화학 공장의 건설 등 총액 58억 달러의 대규모 계획이었다.

대만의 경제 발전 과정과 그 요인을 분석한 연구서는 많다. 여기서는 발전의 내부 요인은 논외로 하고 중요한 외부 요인 두 가지를 지적하고자 한다. 하나는 경제 발전의 기초가 반세기에 이르는 일본 통치 시대에 준비되었다는 것이다. 일본의 대만 통치는 대만인의 민족주의를 짓밟았지만, 다른 면에서 교육의 보급, 사회·산업 인프라의 정비, 농업·공업 개발을 진전시켰다는 점에서 대만의 공업화를 위한 출발점을 제공하였다고 할 수 있다. 또 하나는 미국의 원조이다. 미국은 1951~1965년 사이 매년 약 1억 달러의 원조를 제공했는데 이것은 대만 GNP의 5~10%에 해당하는 것이었다. 대만 경제의 도약을 미국이 뒷받침해 준 것이다. 그러나 미국의 원조는 점차 감소되었고 그 대신 내부 요소가 대만 경제의 성장 요인이 되었다. 그것이 1960년에 채택된 수출 지향형 개발로서 이는 한국과 똑같은 개발 패턴이었다. 그러나 한국의 경제 발전은 거대 재벌 기업이 전적으로 담당한 데 비해, 대만의 경우는 국내 시장은 국민당이나 정부와 관계가 깊은 거대 기업이 지배한 반면 수출은 중소 기업이 담당하였다는 것이 한국과 다르다. 중요한 점은 이것이 앞으로 다루고자 하는 대만인 의식의 대두와 밀접한 관련을 갖고 있다는 것인데, 여하튼 대만의 경제 발전도 국내외의 정치 요인과 경제 요인의 결합에 의해 이루어질 수 있었다.

2_성장과 대만인 의식의 대두

경제 발전과 대만 사회의 변화

경제 발전의 결과로 대만 사회는 어떻게 변화되었을까? 우선 '농업 사회'에서 '공업 사회'로 전환하였다는 것을 지적할 수 있다. 이 것을 거시 통계 지표로 확인한다면 1952년 GNP에 있어서 1차 산업 (농업 등)이 차지하는 비율은 36%였으나 2차 산업(제조업)은 18%에 불과하였다. 또한 산업 부문별 취업 인구 비율도 1차 산업은 56% 였는데 2차 산업은 17%에 지나지 않았다. 그것이 약 30년 후인 1980년에는 GNP에서 1차 산업이 차지하는 비율은 9.2%, 산업 부문별 취업 인구 비율은 19.5%로 감소하였고 2차 산업은 각각 45.0%, 42.4%로 증가하여 완전히 역전되었다. 1인당 국민소득도 1950년에 50달러에 불과하던 것이 1970년에는 386달러, 그리고 1996년에는 1만 2,683달러로 증가하였다.

한국처럼 대만에서도 경제 발전은 도시화를 촉진시키는 작용을 하였다. 1952년에는 국민 가운데 인구 2만 명 이상의 지역(도시)에 사는 사람들의 비율이 47.6%였는데 1980년에는 70.0%로 상승하였다. 교육에서도 이와 유사한 변화를 엿볼 수 있다. 국민의 최종 학력을 살펴보면 1952년에는 고등 교육 수료자의 비율이 1.4%, 중등 교육 수료자가 8.8%였는데, 1980년에는 그것이 각각 7.1%와 36.9%

로 늘어났다. 국민당 독재 정권하에서 대만은 눈부신 경제 발전을 이룩함과 동시에 경제 발전이 필연적으로 대만 사회의 구조적 변화를 초래하게 되었다.

다른 아시아 국가에서 성장과 더불어 중간층이 확대되고 NGO 등 국가로부터 자율적인 단체가 상당수 등장하던 시기에 대만은 어떠했는가? 먼저 중간층에 대해서 언급해 보면 지식인, 전문직, 기업과 정부의 중간 관리직뿐만 아니라 이미 언급한 대로 대만의 성장을 견인하던 중소 기업주들을 중간층으로 간주한다면 그 비율은 상승하였다. 통계 수치로 확인해 보면 전체 취업자 중에서 전문 기술자, 행정 관리자, 감리 · 감독자, 판매원의 비율은 1953년에는 18.8%였으나 1983년에는 33.4%로 늘어났다. 또한 한 사회 계층 연구에 의하면 1992년에는 중간층이 33.6%, 노동자가 40.3%, 농민이 6.1%의 분포였다고 한다. 이런 것을 보아도 이미 1980년대 전반에 대만은 노동자와 중간층이 주체가 되는 사회가 되었음을 알 수 있다.

대만에서도 경제 발전이 중간층의 확대를 가져왔으나 정치에 관련되는 문제 중의 하나는 중간층이 사회적 발언이나 정치 참여를 원할 경우 그것을 위한 조직을 자유롭게 형성할 수 있느냐 하는 것이다. 대만에서도 NGO 등 여러 사회 조직이 창설되어 시민 사회의 활동이 활발하게 이루어졌을까? 이 점에 대해서는 새삼스럽게 설명할 필요가 없을지도 모른다. 국민당 일당 독재 체제는 이미 살펴본 대로 국민당처럼 중국 대륙 시대에 만들어진 정당 이외는 새로운 정당을 창설하는 것을 금지하는 등 국민의 정치 사회 활동을 엄하게 금지하였다. 그 때문에 국민당 관계자 이외의 사람들의 정치 활동, 이 책의 관심사인 중간층을 핵으로 하는 NGO 단체(즉 시민 사회) 등의 창설은 어렵게 되어 있었다. 이러한 특수 상황하에서 국민들의 정치 활동은 직접적인 정치 참여, 즉 정당 결성의 자유를 쟁취하고 그것을 지렛대로 삼아 민주화를 향한 운동을 전개할 수밖에 없다. 이것이 대만 특유의 시민 사회 영역을 확대해 나아가는 길이었다.

대만인 의식의 대두

대만의 민주화 과정이 어떤 것이었는가를 알고자 하기 전에 또 하나 중요한 사회 변화를 확인해 둘 필요가 있다. 그것은 바로 대만인 의식의 대두이다. 1990년경의 수치로 대만 주민 가운데 대만에서 태어난 본성인(本省人)은 86%, 중국 대륙에서 출생한 외성인(外省人)은 14%이다. 이미 지적했지만 대만 정치를 좌우하는 것은 국민당이고 국민당 관계자의 대부분이 1949년 전후에 중국 대륙에서 건너온 사람들이었다. 다시 말해서 중국에서 도망해 온 외성인이 정치와 군사력을 장악하고 본래 대만에서 살고 있던 본성인을 지배하고 있는 것이 대만 정치 사회의 지배와 피지배의 구조였다.

그러나 경제 구조를 논할 때는 이야기가 달라진다. 이미 언급한 대로 대만의 경제 발전의 거대한 설계를 담당한 것은 국가(외성인)이지만 그것을 전선의 기업 수준에서 담당해 온 것은 중소 기업가(본성인)들이었기 때문이다. 특히 NIES로서의 대만의 경제 발전은 중소 기업에 의해 전담되었다는 특징을 지닌다. 중소 기업주의 대부분은 대만 출생자들이었고 확대된 중간층의 다수 역시 대만인(즉 본성인)이 차지하였다. 요컨대 정치를 독점한 국민당은 자기 자신의 생존과 대만 지배의 정통화를 위해 강력하게 경제 개발을 추진했으나, 현장의 개발 주체는 본성인이었기 때문에 본성인의 경제 사회력을 강화하는 결과를 가져왔고, 본성인은 그것을 무기로 국민당의 정치 독점에 대한 이의 제기, 즉 정치 참여와 민주화를 요구하기 시작한 것이다. 주목할 것은 운동의 중심이 국민당이 대만에 들어왔을 때부터의 비판 세력인 구세대가 아니라, 국민당 개발주의 국가하에서 정치 의식에 눈뜨게 된 신세대였다는 사실이다. 국민당 독재의 경제 성장 노선이 그 기반을 흔드는 시민 사회의 대두를 초래한 격이 되었으며, 개발주의 국가를 둘러싼 국가와 시민 사회의 변증법이 여기에서 단적으로 나타나고 있는 것도 흥미로운 일이다.

이로써 대만 정치의 새로운 단계, 초기 민주화 운동이 시작되게 되는데, 대만의 민주화란 대만 정치 사회의 맥락에서는 국민당의 권력

억제, 본성인의 정치 참여를 의미하였다. 정당뿐 아니라 노동조합과 전문가 단체 등 시민 사회 단체가 철저하게 규제당해 온 독재 체제 하에서도 일반 대중이 민주화 운동의 중심이 되었던 것이다.

3_리덩후이의 민주화

야당 결성의 용인

경제 성장과 대만인 의식의 고조를 전기로 대만의 민주화 운동이 시작되었는데 물론 그것은 순조로운 과정은 아니었다. 민주화 운동이 궤도에 오르기 전 대만인은 여러 번 국민당의 억압 기구 앞에서 좌절을 겪어야 하였다. 그 중의 하나가 1979년 12월의 '미려도(美麗島) 사건'이었다. 이는 일부 지식인이 '미려도'라는 월간 잡지를 창간하여 그것을 거점으로 국민당을 비판하는 언론 운동을 전개한 것인데, 미려도가 많은 사람들의 관심을 끌게 될 것을 우려한 국민당 정부는 그 지도자를 반란죄로 군사 재판에 회부하여 유죄 판결을 내렸다. 국민당 정부는 그 동안 모든 정치 운동을 반체제 운동으로 간주하여 치안 문제로 처리해 왔으므로 민주화를 요구하는 미려도 운동도 종래의 이러한 패턴을 따라 처리한 것이다. 그러나 대만 사회와 미려도 운동을 둘러싼 국제 환경은 확실히 변화하고 있었다.

미려도 사건으로부터 7년이 지난 1986년 9월 28일, 타이베이 시의 한 호텔에서 다가오는 12월의 입법원(국회) 선거를 위한 후원회 결성 대회를 개최하고 있던 야당 후보자가 갑자기 '민주진보당(민진당)'의 결성을 선포하였다. 이는 신규 정당의 결성이 금지되어 있다는 사실을 알면서도 한 선언이었기에 정부가 어떻게 대응할 것인지가 주목되었다. 대체로 종전대로 정부가 엄격하게 대처할 것이라는 예상이 지배적이었다. 그러나 의외로 장징궈 총통은 1986년 10월 7일, 정당은 (1) 중화민국 헌법을 준수한다, (2) 반공의 국책을 지지한다, (3) 대만의 독립을 당의 시책으로 삼지 않는다는 세 가지 조건을 충족할 필요가 있다고만 논하는 데 그쳤다. 이것은 간접적으로 위의 세 조건을 충족시킨다면 정당 결성의 자유를 용인한다는 의미였다. 정부가 실질적으로 정당 결성을 용인하자 민진당은 곧바로 정당 조직을 구축·정비해 갔다. 그 후 같은해 12월 입법원 선거에서 국민당은 정원 75의석 중 59의석(득표율 66.3%)을 얻은 반면 민진당은 12의석(득표율 24.9%)을 얻어, 국민당 우위의 구조는 변하지 않았지만 대만 역사상 처음으로 복수 정당간의 경쟁이 나타났다.

이것은 대만의 민주화, 국민당 일당 독재 종언의 시작을 알리는 것이었다. 여기서 제기되는 의문은 왜 장징궈(국민당)가 국민의 정치적 억압을 철회하고 야당 결성의 자유, 정치 활동의 자유를 승인하였는가 하는 것이다. 이것은 한 독재 국가가 어떤 이유에서, 그리고 어떻게 민주화를 받아들이는가와 결부되는 매우 흥미로운 문제이다. 그 이유를 하나의 요인으로 설명할 수는 없을 것이다. 한국의 민주화도 이와 비슷하게 국내외의 다양한 복합적인 요인에 의한 것이었다고 생각되는데, 여기에서는 대만의 민주화 요인을 다음과 같이 설명해 보고자 한다.

우선 대만을 둘러싼 국제 환경의 변화가 결정적인 영향을 미쳤다. 대만은 중국과 대립하는 분단국이나, 1970년대에 이르면서 중국이 국제연합 등 국제 기구에서 대만을 대신하여 정식 대표의 지위를 확보하게 되었다. 1979년에 중국은 덩샤오핑[鄧小平]이 실권을 장악하면서 '개혁·개방 정책'과 '사회주의 시장 경제'의 새로운 구호하에서 경제 개발에 매진하였다. 국제 사회에서 경제력과 정치 발언권을 강화해 가는 중국에 대만이 대항하려면 미국의 군사적·정치적 지원이 절대 불가결하였는데, 미국은 이미 한국에서 보았듯이 아시아의 동맹국에 대해 민주화를 요구하고 대만에 대해서도 야당의 승인 등 민주화를 촉구하였던 것이다. 한편, 대만 국내로 눈을 돌리면, 국민당 독재를 비판하는 집단이 그 동안은 정치 의식이 선명한 지식인에 국한되어 있었으나 점차 중간층, 학생, 노동자, 농민들도 정치 무대 전면에 등장하게 되었다. 경제 발전에 의해 국민의 의식이 다양해져 언제까지나 국민당의 사고 방식만으로 사회를 억압한다는 것이 어려워졌다. 국내의 고조되는 민주화 요구에 대처하면서 동시에 미국의 지지를 계속 얻기 위해서는 일당 독재가 아니라 민주화만이 지배를 지속시킬 수 있는 길이라고 장징궈와 국민당은 생각하게 되었다.

흥미롭게도 이것은 한국의 군부 지도자가 직면했던 문제와 똑같은 것이었으며 결론(위로부터의 민주화) 역시 같았다. 방식이나 시기도 거의 비슷하였다. 요컨대 민주화의 움직임은 한 나라를 초월하여 지역에 파급되는 격류와 같은 것이었다는 점을 알 수 있다.

이렇게 해서 일단 민주화가 시작되자 그 후는 봇물이 터지듯 국민당 독재 체제를 지탱했던 제도나 조치가 차례로 무너지기 시작하였다. 그 중 특히 중요한 것은 1987년 7월 15일, 38년간 계속된 계엄령을 해제한 조치로서 이는 국민당 독재를 지탱해 온 강력한 무기의 소멸을 뜻한다. 같은해 11월 2일에는 대륙 교환 방문과 여행의 자유가 인정되었고 1988년 1월에는 신문 발행의 자유가 발표되었다. 민주화가 시작된 지 얼마 되지 않은 1989년 12월에 실시된 입법원과 지방의회 선거에서 국민당이 승리했지만 야당인 민진당의 대약진도 주목할 만하였다. 민진당은 여러 지역의 지방 단체장 선거에서 승리하였을 뿐 아니라, 입법원 선거에서는 정원 101의석 중 국민당이 72석(득표율 63.0%)을 얻은 데 비해 21의석(27.3%)을 확보하였다. 이때의 당원 수는 국민당이 250만, 민진당은 불과 4만 명에 지나지 않았기 때문에 거대 정당 대 극소 정당의 싸움이었으나, 결과는 적지 않은 국민이 민진당에 투표한 것으로 나타나 정당의 다양화와 민주화를 바라고 있음을 보여 주었다. 이와 같은 상황 속에서 당시까지의 상식을 뒤엎고 '국

대만총통으로는 처음 미국을 방문한 리덩후이

민당'과 '본성인'을 조합시킨 리덩후이가 대만 민주화의 기수로 등장하였다.

리덩후이의 등장

대만 정치의 역사적 전환점이 된 정당 결성의 자유를 인정한 장징궈는 1988년 1월에 78세로 사망하였는데, 그것으로 대만의 민주화가 멈춘 것은 아니었다. 장징궈가 사망한 그 날로 교토[京都] 대학에서 농학을 공부한 경력을 지닌 리덩후이가 대만 출신으로는 처음으로 총통직에 취임하여 민주화를 추진해 갔다. 리덩후이는 1988년 7월 국민당 주석에 취임하여 국민의 의향이 무엇인가를 현명하게 읽고 민주화를 정력적으로 추진해 갔다. 1991년 5월에는 그런 움직임의 하나로 국민당 일당 독재의 법적 근거였던 '반란진정

동원시기 임시조항'을 해제하였다. 이로써 국민당은 적어도 형식적으로는 헌법에 따라서 통치하지 않으면 안 되게 되었다. 주목할 일은 리덩후이 총통의 민주화가 단순히 국민당 억압 장치의 철폐에 그치지 않고 국민당 통치의 내용 자체의 개혁도 추진하였다는 것이다. 구체적으로는 국민당의 통치를 '원리적으로 바꾸는 것', 그럼으로써 대만을 '독립 국가'로 만드는 것이었다. 국민당 총통이 지금까지의 국민당 통치를 부정하고 전면적인 개혁을 실시한다는 것, 그것이 곧 '위로부터'의 민주화라고 부를 수 있는 이유이다.

그렇다면 리덩후이 총통은 국민당 통치의 무엇을 원리적으로 바꾸려고 했는가? 그 하나는 1947년의 2·28사건에 대한 사죄였다. 대만 주민의 의향을 무시한 국민당 통치에 항거하는 주민이 1947년 2월 민주 봉기를 일으켰을 때, 국민당 정부가 대륙으로부터 군대를 불러들여 철저하게 탄압하였다는 것은 이미 소개하였다. 국민당 체제 확립 후 주민들 사이에서는 이 사건에 대한 언급을 최대의 정치적 금기로 여겨 왔으나, 1992년 행정원이 2·28사건 진상 보고서를 발표하고 1995년 2월에는 총통이 대만 주민들에게 사건의 책임을 지고 사죄하였다. 1997년 2월에는 타이베이 시내의 한 공원에 타이베이 2·28기념관이 건립되었다. 국민당 통치의 과오를 청산토록 한 것이다.

행정 기구상의 '사이비 제도'를 폐지시킨 것도 원리적 개혁의 하나로 꼽힌다. 동시에 그것은 대만을 독립 국가로 기능하도록 만들었다. 그 동안 국민당은 실제적으로 대만만을 지배하고 있었음에도 불구하고 중국을 통치하는 국가라고 자처하여 대만과는 별도로 대만성 정부를 설치하였다. 이것이 '이중정부'라고 불리던 것인데 리덩후이 총통은 이중정부를 폐지하고 국민당 정부는 대만성을 통치하고 있을 뿐이라는 현실을 인정하였다. 1991년 12월에는 국민당의 중국 통치 시대에 국회의원으로 선출되어 대만으로 이전한 후 한 번도 재선 선거를 치르지 않고 국회의원으로 간주되어 온 약 600명의 '만년의원'의 총퇴진을 감행하였다. 이것은 이중정부의 폐지와 같은 취지에서 이루어진 조치였다. 이러한 일련의 제도 개혁은 국민당이 중국을 대표하는 정부라는 의제를 철회하고 대만을 지배하는 정부에 지나지 않는다는 현실을 인정하였다는 점에서 획기적인 것이었으며 그 정치적 귀결은 '독립 국가'였다. 리덩후이 총통은 1996년 선거에서 정·부통령을 국민의 직접 선거로 선출하는 개혁을 달성하는 것을 민주화의 최대 목표로 삼았다.

　1996년 3월 23일, 세계의 이목이 집중되는 가운데 처음으로 총통 직접 선거가 실시되었다. 후보자는 국민당의 리덩후이 총통, 야당 민진당의 펑밍민[彭明敏] 전 대만대학교수, 국민당에서 제명되어 무소속으로 출마한 린양강[林洋港] 전 사법원장, 역시 국민당을 탈당한 천뤼안[陳履安] 전 감찰원장 등 네 명이었다. 역사적인 이 총통 선거는 대만 국민의 관심을 모았을 뿐 아니라 중국과 미국도 선거 과정에 깊이 관여하여, 다시 한번 대만 정치가 국제 정치와 연계되어 있다는 사실을 인식하는 계기가 되었다. 중국은 리덩후이 총통이 대만 '독립'을 지향하는 것을 우려하여 그의 당선 저지를 목적으로 1995년 말, 대만 해협에서 군사 미사일 훈련을 결행하였다. 이 훈련은 만일 리덩후이가 당선된다면 대만이 어떻게 될 것인지를 대만 국민에게 보여 주겠다는 중국의 위협 경고였다. 그것을 시작으로 중국은 선거가 임박했을 때 대만 해협에서 훈련을 한층 더 강화하여 미사일 발사 훈련까지 추가하였으며 15만의 병력을 동원한 군사 훈련을 실시하기도 하였다. 이러한 중국의 군사 위협에 대항하여 미국은 두 척의 항공 모함을 대만 해협에 파견하였다.

이처럼 소란스런 정세 속에서 선거가 실시되어 리덩후이 후보가 581만 표(54.0%), 펑밍민 후보가 227만 표(21.1%), 린양강 후보가 160만 표(14.9%), 그리고 천뤼안 후보가 107만 표(10.0%)를 획득하였다. 선거 결과는 중국의 위협이 오히려 역효과를 냈다는 것을 보여 준다. 그 이유는 선거 전에 중국은 리덩후이 총통을 '숨은 독립파', 민진당의 펑밍민 후보를 '드러난 독립파'라고 비판하였으나, 결과는 두 사람이 전체 투표의 75%를 획득하여 국민이 두 후보에게 압도적인 지지를 보냈던 것으로 나타났기 때문이다. 이 문제에 세계의 관심이 집중되었다. 나중에 설명하겠지만 선거 자체는 대다수의 국민이 독립이냐 통일이냐를 투표의 기준으로 삼았다기보다는, 처음으로 본성인 총통으로서 대만의 민주화를 추진하던 리덩후이 총통을 지지할 것인가 아닌가가 기준이었던 것으로 보인다. 여기서 리덩후이 총통이 대만 국민들에게 얼마나 지지를 받았는가를 보여 주는 에피소드 하나를 소개하고자 한다. 대만 국적을 가진 장기 해외 체류자에게도 선거권이 부여되었는데 미국에 거주하는 일부 대만인 사이에서는 투표하기 위해 대만에 귀국하여 어떻게든 리덩후이 총통을 당선시키겠다는 움직임이 일어났었다고 한다. 대만의 민주화와 중국의 대만 위협이 해외 거주자들에게조차 대만인 의식에 불을 지피는 격이 되었던 것이다.

4_대만 정치는 어디로

국민당 개발주의 국가의 종언

지금까지 보아 온 대로 전후 대만에서는 국민당의 일당 독재 체제가 지속되면서 국민의 정치적 자유는 완전히 억압되었으나 동시에 그 정치 체제 위에서 국가 생존이 걸린 개발이 추진되었다. 대만은 전형적인 개발주의 국가였는데 1980년대에 이르러 국민들에 의해 국민당 독재에 대한 불만과 비판이 강하게 제기되면서 국민당은 정당 결성의 자유를 인정하고 일당 독재를 포기하지 않을 수 없게 되었다. 그것을 시초로 해서 일당 독재의 법적 근거를 이루었던 억압적인 법 제도, 그리고 나아가서 국민당이 중국 대륙을 지배하는 정부라고 하는 사이비 제도도 차례로 철폐되었다. 국민당 비판 집단은 1970년대까지는 구세대의 일부 지식인으로 한정되어 있었으나, 1980년대에는 중간 지식인 등 신세대가 중심이 되어 체제 비판뿐만 아니라 올바른 행정의 요구, 환경 문제, 노동자 보호 등 국민 생활과 밀접한 운동도 등장하기에 이르렀다. 그리하여 1990년대에 이르면서 리덩후이 총통의 주도하에 대만 정치의 '대만화'가 추진되고 정치 구조도 현저한 변화를 겪었다. 민주화를 추진한 리덩후이 통치 체제는 대만 정치에서 이데올로기나 중국과 대만의 통일이라는 이념을 추방하고 현실적 정치를 도입하였다는 데 그 역사적 의의가 있다고 하겠다. 대만의 개발주의 국가는 1990년 전후에 변신을 추구하여 국민의 자유로운 정치 참여, 국민당 일당 독재로부터 복수 정당제에 의한 경쟁과 싸움, 그리고 독립 국가 지향으로 전환하게 되었던 것이다. 물론 그것으로 대만 정치의 과제나 문제가 없어졌다는 것은 아니며 한국과 마찬가지로 수많은 난제들이 기다리고 있다. 그렇다면 포스트 개발주의 국가 대만을 기다리고 있는 과제들은 어떤 것들이며 대만 정치의 행방은 어떻게 전개될 것인가?

역사적인 정권 교체

2000년 3월에 있었던 총통 선거를 통해, 탈개발주의 국가 시대에 대만 국민이 무엇을 바라고 있는지의 한 단면이 명확해졌다. 선거는 대만 정치의 향방을 예측해 본다는 점에서 주목을 받았다. 후보자는 리덩후이 총통이 후계자로 점찍었던 국민당의 렌잔[連戰] 행정원장(총리에 해당), 국민당에서 이탈한 쑹추위[宋楚瑜] 후보, 그리고 민진당의 천수이볜[陳水扁] 전 타이베이 시장 등 세 사람이었다. 이번 선거에서도 4년 전과 마찬가지로 중국의 간섭이 있었다. 중국은 대만 독립을 강령으로 내건 민진당의 천수이볜 후보가 당선되어 중국과 대만의 통일 대화를 계속 거부할 경우 군사력의 행사 권리를 유보한다는 내용의 대만 백서를 발표하기도 하였다. 이것은 4년 전과 마찬가지로 대만 국민을 불안으로 몰아넣으면서 그들의 분노를 사기도 하였다. 그러나 예전에 가해졌던 위협이 미사일 훈련이라는 실탄 간섭이었다면 이번에는 문서상의 간섭에 머문 것만 보더라도 동아시아를 둘러싼 국제 정치 환경이 4년 전과는 많이 달라졌음을 알 수 있다.

이번 선거에 온 국민의 관심이 모아졌다는 사실은 역사적 선거였던 1996년 선거의 투표율이 76%였으나 이번에는 그것을 상회하는 83%였다는 것을 보아도 알 수 있다. 투표 결과 천수이볜 후보가 498만 표(39.3%), 쑹추위 후보가 466만 표(36.8%), 그리고 렌잔 후보

천수이볜

가 293만 표(23.1%)를 획득하였다. 국민당은 분열 선거라는 불이익을 감수하였다고는 해도 공천 후보인 롄잔의 득표율이 겨우 23%에 머무는 참패를 당했다. 이로써 대만 정치를 반세기 동안 지속해 온 국민당 지배가 종언을 고했고 더 나아가 여당에서 야당으로의 평화로운 정권 교체도 실현되었다. 대만의 민주화란

외성인·국민당 지배에 대한 본성인·대만 주민의 정치 참여를 뜻하는 것이라고 앞서 설명했는데, 이 도식으로 본다면 민진당의 승리는 국민당에 대한 대만 주민의 승리라고 할 수 있다. 그러나 그 전에 절대적인 일당 독재를 펴온 국민당의 패배 원인을 살펴볼 필요가 있다. 이것은 국민당의 대만 통치란 도대체 어떤 것이었는가 하는 문제와도 연결되는 것이지만, 선거전으로 한정해서 말한다면 후보 공천 경쟁에서 패한 후보가 무소속으로 입후보하여 분열 선거를 하게 되었다는 데 전술적 패인이 있다는 점에는 틀림이 없다. 그러나 보다 중요한 것은 왜 국민들이 국민당을 외면하였는가 하는 의문일 것이다. 이것은 매우 어려운 문제지만 필자의 지적이 빗나간 것이라는 비판을 받을 각오를 하고 다음과 같은 관점에서 정리해 보고자 한다.

새삼스럽게 설명하지 않아도 대만에서 궁극적인 문제는 국가 형태(중국과의 통일인가, 아니면 독립인가)이다. 이 문제에 대해 과거에 무력 반격에 의한 중국 통일을 외쳐 온 국민당이나 대만 독립을 강령으로 내세우는 민진당이나 모두 선거에서는 현실을 감안하여 양안(兩岸) 관계(중국과 대만의 관계)의 현상 유지라는 점에서 일치되는 정책을 내세웠다. 그렇기 때문에 선거에서 국민들의 관심, 즉 투표를 결정하는 기준은 '내정'에 있었다고 생각된다. 최근 수년간 지적되어 온 '흑금(黑金) 정치'라고 불리는 국민당의 폭력과 금권 정치에 대해 국민들의 비판이 종종 강력하게 제기되어 왔다. 물론 국민당 통치는 대만의 경제적 생존을 현실적인 목표로 하여 국민들의 생활을 윤택하게 해 주었다. 그러나 물질적으로 풍요로운 생활은 당연한 것이 되고 또한 양안 관계의 팽팽한 긴장 관계가 누그러지게 되면서 폭력과 부패가 만연하는 국민당 정치에 대해 국민들이 불안감을 느끼게 된 것이다. 이것이 바로 민심이 국민당을 떠나도록 한 주요 요인이 아니었을까? 대만 정치를 논할 때는 언제나 중국과 대만의 통일이 모든 논의의 시작이 되지만, 2000년 총통 선거의 초점은 다른 보통 국가들처럼 국민의 일상 생활에 관한 것, 즉 금권 정치를 어떻게 할 것인가가 쟁점으로 부각되었다. 달리 말하면 국민의 정치 선택의 기준이 외정에서 내정으로 이행하였다고 지적할 수 있다.

1986년에 결성되어 불과 10여 년 만에 정권을 장악한 민진당은 창당 당시는 대만의 '자결'이라는 구호를 내세웠고 1991년에는 '대만 독립'을 당의 강령으로 채택하였다. 천수이볜 총통은 1951년 생의 변호사 출신 정치가로 전형적인 대만인 중간층의 일원이며, 앞서 소개한 1979년의 미려도 사건의 피고를 변호하여 일약 유명해졌다. 그 후 민주화 운동에 투신하여 1994년에서 1998년까지 4년간 초대 민선 타이베이 시장을 역임하면서 탁월한 행정 능력으로 국민의 인기를 모았다. 그런 경력을 지닌 천수이볜 총통의 탄생은 대만 정치가 새로운 단계에 진입하였음을 말해 주고 있다.

그러나 문제는 이것이 반드시 대만에 민주제를 뿌리내리게 할 것이라고 말하기는 어렵고 그것을 보장해 주는 것도 아니라는 데 있다. 그 이유는 민진당이 국민들 사이에서 일부 지지를 얻고 있는 것은 사실이지만, 천수이볜 후보의 득표율이 40%에 지나지 않았고 국민당의 분열로 승리할 수 있었기 때문이다. 사실, 입법원에서 민진당은 전체 의석의 3분의 1을 차지하고 있는 소수 여당으로서 행정부나 입법부에서 국민당을 빼놓고는 아무것도 할 수 없는 상황에 처해 있다. 따라서 국민당이 아직도 대만 정치의 실권을 장악하고 있다고 할 수 있기 때문에 국민당의 앞날을 장기적으로 예측할 수는 없지만 단·중기적으로는 절대적 정당에서 유력 정당으로 변모하면서도 여전히 대만 정치에 깊숙이 개입할 것으로 생각된다.

중국·대만 관계를 둘러싼 대만의 딜레마

이상이 대만 국내의 문제이다. 그렇다면 분단 국가의 최대 과제인 중국과 대만의 통일 문제는 앞으로 어떻게 될 것인가? 그 시나리오를 생각하거나 예측하는 것은 저자의 능력 밖의 일이기에 여기서는 그것이 대만에 어떤 영향을 미칠 것인가만을 논의해 보고자 한다.

천수이벤 총통은 '대만인에 의한 대만인을 위한 정치'를 이념으로 내세워 자율적인 대만 국가를 지향하고 있으나 그런 그의 입장에는 모순된 요소가 놓여 있다고 볼 수 있다. 대만의 미래를 생각해 볼 때 국내 정치의 기조는 대만인 의식이 점점 고양되어 그 논리적 귀결로 대만 독립에 대한 의식이 강화될 것은 틀림없는 사실이다. 앞에서 민주화에 따르는 제도 개혁을 논의하면서 국민당이 중국 대륙을 지배하는 정부라는 사이비 제도를 철회하고 대만만을 통치하고 있는 데 불과하다는 현실을 용인하였다고 했는데, 그 입장을 뒤집어보면 대만과 중국은 별개의 국가라는 생각의 표현이라 할 수 있다.

그러나 대만의 딜레마는 대만을 둘러싼 국제 환경이 그것을 용납하는 방향으로 가고 있다고 하기는 어렵다는 데 있다. 2000년 총통 선거에서 대만 정치를 결정하는 기준이 내정으로 이행하였다고 했지만, 분단 국가인 대만이 통일에 의한 분단 국가의 청산이라는 국제 정치의 거센 조류를 피해 갈 수는 없을 것이다. 다시 말해서 앞으로 대만 국내에서 보다 자립 지향성이 강해지더라도 국제 사회에서 대만을 보는 눈은 여전히 어떻게 중국과의 통일을 달성할 것인가에 쏠릴 것이며 바로 여기에 대만의 딜레마가 있는 것이다. 또한 딜레마는 국내 요소에도 있는데, 바로 대중 관계를 둘러싼 정치와 경제의 상반된 움직임이 그것이다. 지금 논의한 것처럼 정치에서는 중국으로부터의 자립의 움직임이 강하더라도 경제의 움직임은 그렇지 않다. 많은 유력한 대만 기업이 활발하게 대규모로 중국에 투자해서 이제 대만은 세계 유수의 대중 투자국이 되었고, 홍콩에 인접한 광둥성에는 비지니스맨과 노동자의 자녀들을 위한 대만인 학교가 셋이나 개설되었다. 대만의 정치적 자립에는 경제적 번영이 불가결한데 그 경제는 중국과의 긴밀한 관계를 더욱 심화시켜 가고 있는 것이다.

이처럼 중국과의 관계는 정치의 자립화 지향, 경제의 긴밀화라는 딜레마에 직면하고 있는 셈이다. 한 가지 재미있는 사실은 대만인 의식은 노동자 사이에 특히 강하고, 중간층은 대만인이기도 하고 동시에 중국인이기도 하다는 의식이 강하다는 점이다. 이는 중간층이 대만의 귀속이 어느 쪽으로 귀결되더라도 곤란을 겪지 않으려는 현실적 감각의 소유자라는 것을 말해 준다. 결국 대만에 존재하는 서로 방향이 다른 두 가지 힘의 흐름을 어떻게 하나로 결집하는가는 천수이볜 총통에게 있어서나, 이제 겨우 정치적 자유를 얻은 시민 사회에게 있어서나 최대의 과제라고 할 수 있다.

대만 연표

1945. 8	일본 식민 통치 종식, 통치권 중국에 반환
1947. 2	2 · 28사건, 국민당 부패에 항거한 주민 봉기 무력 진압
1949. 10	중화인민공화국(중국) 건국
1949. 12	국민당 정부, 국공내전 패배 대만 이주, 망명 정부 수립
1950. 6	한국전쟁, 중국 참전, 미국 중국에 대해 20년간 금수조치
1954. 12	미국 · 대만 방위조약 체결
1971. 10	중국 UN 대표권 인정. 대만 축출
1972. 2	닉슨 미대통령 중국 방문
1972. 9	중 · 일 국교정상화, 대만 · 일본 단교
1975. 4	장제스 사망
1978. 3	장징궈 총통 취임
1979. 1	미 · 중 국교 수립, 미 · 대만 국교 단절. 중국, 대만에 평화 통일 호소
1986. 9	민진당 결성
1987. 7	계엄령 해제, 대만 주민 본토 방문 및 무역 · 투자 허용
1988. 1	장징궈 사망, 리덩후이 총통 취임
1990. 3	국민대회에서 리덩후이 재선
1991. 5	리덩후이, 공산당과의 전쟁 종결 공식 선언
1993. 4	양안 교류단체 대표 첫 회담
1994. 7	헌법 개정, 총통 직선제 도입
1996. 3	첫 총통 직선 리덩후이 당선, 중국 대만해협에서 미사일 연습, 미국 항공모함 파견
1999. 7	리덩후이 양국론 제기
2000. 3	천수이벤 총통 당선, 첫 정권 교체

인도네시아 | 수하르토 개발주의 국가의 붕괴

▶ 수하르토 개발주의 국가와 성장의 틀
▶ 성장과 이슬람지식인협회
▶ 경제 위기와 수하르토 개발주의 국가의 붕괴
▶ 와히드 체제와 인도네시아 국가의 향방

인도네시아는 동서 약 5,100킬로미터, 남북 약 1,900킬로미터에 이르는 광대한 해역에 떠 있는 크고 작은 다양한 섬으로 구성된 국가로, 인구 2억을 넘는 동남 아시아의 대국이다. 인도네시아 정치를 살펴볼 때 가장 먼저 눈에 띄는 것은 1945년의 독립으로부터 1998년까지의 반세기 동안에 수카르노(20년간)와 수하르토(33년간)라는 단 두 사람의 대통령만을 가졌다는 사실이다. 이와는 대조적으로 수하르토 퇴진 후에는 하비비(1년 반), 와히드(1년 9개월)와 같이 단기 정권이 이어지고 있다. 어떤 의미에서는 정치가 극단에서 극단으로의 움직임을 보여주는 나라라고 할 수 있으나, 사실상 독립 50년의 인도네시아 정치에서 대통령의 교체는 국가 체제의 근본적인 변혁을 의미하는 것이라 할 수 있다.

인도네시아의 정치를 살펴볼 때 주요 정치 세력이 자바, 이슬람, 군이라는 세 집단으로 구성되어 있다는 것을 염두에 두면 도움이 된다. 이것은 인도네시아의 특수 요소이기도 하다. 자바는 국토의 7%를 차지하는 섬(지역)에 불과하지만 국민의 60%가 살고 있는 '인도네시아 중의 인도네시아'로서 강력한 영향력을 행사하고 있다. 이슬람은 국민의 90%가 이슬람 교도이므로 이슬람은 거대 사회 세력을 형성하고 있다. 군은 네덜란드와의 독립 전쟁시의 주역이기도 하였으며, 수하르토 체제하에서 권력을 확대하여 주요 세력의 하나가 되었다. 33년간 계속된 수하르토 체제하에서는 이들 세 집단의 사회 세력 중 오직 군에 의존하는 개발주의 국가를 건설하여 개발을 추진했으나, 1998년 5월 아시아 경제 위기가 파급되자 정치 경제가 동요하면서 맥없이 붕괴해 버린 것은 이미 잘 알려져 있는 사실이다. 이 장에서는 아시아 개발주의 국가의 대표라고 할 수 있는 수하르토 체제가 어떠한 지배의 틀을 갖고 있었고, 어떤 요인 때문에 붕괴하였는가, 그리고 민주화 이후의 인도네시아 정치의 과제와 향방은 어떤 것인가를 생각해 보고자 한다.

1_수하르토 개발주의 국가와 성장의 틀

수수께끼의 '9·30사건'

인도네시아 독립의 아버지 수카르노는 군과 인도네시아 공산당 (자바농민을 기반으로 하였음) 사이의 균형을 토대로 국가 건설을 추진했으나 그 말기에는 지나치게 이데올로기 정치와 독재 정치로 치우치고 말았다. 그 때문에 수카르노 퇴진 후 주도권을 장악하기 위해 1965년 9월 30일 밤 일부 용공파 군인이 장군 6명을 살해하는 사건이 발생하였다. 그러나 봉기군은 그 움직임을 재빨리 포착한 수하르토에 의해 진압되었을 뿐 아니라, 봉기군의 배후에 공산당 이 있다는 이유로 300만 당원을 자랑하던 인도네시아 공산당은 완전히 괴멸되고 말았다. 이것이 현대 인도네시아 정치의 전환기, 그리고 수하르토 등장의 계기를 만든 9·30사건이다. 그러나 사건의 진상은 현재까지도 오리무중에 있고, 위의 개요는 이 사건 후 수카르노 대통령을 추방하고 권력을 탈취한 새로운 권력자 수하르토의 설명일 뿐이다.

수하르토는 9·30사건으로 실권을 장악하게 되자 1968년 정식으로 제2대 대통령에 취임하였다. 수카르노 대통령은 정통성의 근거를 오직 정치적 민족주의에서 찾았고 경제 개발은 거의 무시하였으나, 이와는 반대로 수하르토 대통령은 인도네시아 경제의 재건을 통해서 자신의 정통성을 확보하려 했으므로 집권 후 본격적으로 개발을 추진해 갔다. 이것이 수하르토 개발주의 국가이다. 인도네시아에서 수하르토 개발 정치 등장의 의의는 단지 국내 정치 경제의 흐름을 바꾸었다는 데서 끝나지 않고 동남 아시아의 대국 인도네시아가 국가 목표를 개발로 전환하였다는 점에서, 또 그 지역 전체가 개발에 중점을 두도록 만드는 원동력이 되었다는 데서 찾을 수 있다.

수하르토 체제의 지배의 틀

수하르토 개발주의 국가의 골격은 한국, 대만과 유사하게 군을 축으로 하면서 강권 지배와 야당과 반정부 집단에 대한 철저한 관리와 억제로 형성되었다. 그렇다면 왜 군인가? 그것은 독립 후 군이 독립 전쟁의 공로자로서 단순히 국방과 치안이라는 군 본래의 임무뿐 아니라 정치 사회 통치에도 책임이 있다고 주장하였기 때문이다. 이것이 '군의 이중 기능론'이라고 불리는 것으로, 이를 근거로 수하르토 체제하에서 군은 치안뿐 아니라 정치 사회 관리에도 적극적으로 관여하게 된다. 인도네시아의 행정 제도는 중앙-주-현-시-군-촌의 체제로 형성되고, 중앙의 장관 이하 주지사, 현지사, 촌장 등이 정치와 행정의 주요 역할을 맡고 있는데, 주지사를 대통령이 임명하므로 많은 수의 현역 군인이 행정 책임자로 임명되어 국민을 관리하였다.

수하르토 대통령은 정당과 시민 사회 단체를 철저하게 억압, 관리하였다. 1955년 인도네시아 최초의 총선거가 실시되었을 때는 사회의 다양성을 반영하여 10개가 넘는 유력 정당이 국회의 의석을 차지하였다. 그러나 수하르토 대통령은 여러 개의 야당 정당들을 자바를 축으로 한 인도네시아 민주당, 이슬람을 축으로 하는 개발통일당으로 강제 통합시켜 1970년대에 이르러서는 정당의 수가 두 개로 줄어들었다. 정당 관리는 여기에 그치지 않고, 정당자금원조법을 통한 관리, 심지어는 당의 지도자를 결정하는 인사에까지 개입하였다(그 일례로 1996년 인도네시아 민주당 당수로 뽑힌 수카르노의 장녀 메가와티를 배제하였다). 그뿐만 아니라, 군도 선거에 개

자카르타

입하여 정당의 관리와 억압을 자행하였다. 인도네시아 선거 제도는 27개의 주를 중심으로 하는 비례 대표제인데, 9 · 30사건 후 불법화된 공산당 관계자가 침투하고 있는지 여부를 조사한다는 명분으로 정당이 제출하는 비례 대표자 명부를 군이 심사하여 거부권을 행사할 수 있도록 하는 '스크린제'를 도입하였다. 이 제도하에서 노골적으로 정부를 비판하는 야당 정치가가 공산주의자라는 이유로 배제되는 것은 두말할 필요도 없다. 또한 정당뿐 아니라 이슬람 단체, 학생 운동, 언론 등 시민 사회 단체에 대해서도 이와 마찬가지로 엄격한 관리가 행해졌다.

   이렇게 보면 수하르토 체제는 오로지 야당과 시민 사회 단체에 대한 노골적인 억압과 관리만을 일삼은 것으로 생각될지 모르나 그것이 전부는 아니었다. 실제로는 군을 축으로 하는 폭력적인 권위주의 체제였지만 정규적인 선거를 통해 국민에 의해 선출된 민주적 정부라는 형식을 갖추기 위해 노력하였다. 1971년 최초로 수하르토 체제에서는 정규적으로 국회의원 선거와 대통령 선거(간접 선거)가 실시되었는데 선거를 실시하는 이상 정당이 필요한 것은 두말할 필요도 없다. 그래서 활용된 것이 수카르노 시대에 창설된 '골카르'였다. 골카르는 '사회 직능단체'를 뜻한다. 골카르는 공무원 단체, 퇴역 군인 단체, 여성 단체, 청년 단체 등 다양한 단체의 연합 조직으로 총선거에 여당으로서 참가하여 야당 억압책의 덕택으로 항상 선거에서 압승을 거둘 수 있었다.

이처럼 '조작된' 민주적 체제의 전형적인 구조라고 할 수 있는 것이 대통령 선출의 틀이었다. 대통령은 정원 1,000명의 국민협의회에서 선출되었는데, 국민협의회는 총선거에서 선출된 국회의원(425명), 총선거 의석을 기준으로 해서 배분되는 정당 의원(251명), 그리고 대통령이 임명하는 국군 대표(75명), 지역 대표(249명)로 구성된다. 이미 살펴본 대로 총선거에서 골카르의 승리가 확약되었고 야당 의원 이외는 대통령이 임명한 의원인 만큼 수하르토가 대통령에 당선되는 것은 100% 보증된 것이나 마찬가지였다. 이와 같은 완벽한 틀을 가지고 1998년까지 수하르토는 7선(임기 5년)을 달성한 것이다. 언뜻 민주적 성격을 지닌 것처럼 위장한 당파적 제도는 인도네시아뿐 아니라 앞으로 다룰 싱가포르나 말레이시아에서도 찾아볼 수 있다. 집권당에 유리하게 되어 있는 교묘한 정치 제도의 틀, 그것이 개발주의 국가의 장기 집권을 보장해 준 제도적 요인 중의 하나였다.

성장과 버클리 마피아

수하르토 대통령은 군과 골카르의 양대 세력 위에서 완벽한 정치 체제를 구축하였는데 그 목적은 무엇이었을까? 단순히 개인의 권력욕으로 그렇게 만들었다기보다는 인도네시아의 정치 안정 확보와 경제 개방을 위한 필요성 때문이라는 면이 강하다. 그렇다면 수하르토 대통령은 그 체제를 토대로 어떤 개발을 추진하였는가? 여기서는 수하르토 개발주의 국가의 특징 하나만을 설명해 보고자 하는데, 그것은 바로 기술 관료의 등용이다. 새삼스럽게 설명할 필요도 없이 수하르토 체제는 군을 축으로 한 지배 체제로서 개발을 통해 정당성을 확보하고자 하였다. 그러나 수하르토 대통령은 군인에게 경제 개발 계획의 수립이나 실행을 맡기지 않고 전문가에게 위임하였다. 그것이 위조요 니티사스트, 알리 와르다나, 에밀 살림 등 버클리 마피아라고 불린 테크노크라트 집단이다. 그들이 버클리 마피아라고 불린 이유는 전부 캘리포니아 대학 버클리 분교에서 개발경제학과 행정학을 수학한 경력을 가지고 있기 때문이다. 그들은 미국 경제학의 지배적 사고이자 IMF나 세계은행의 정통 사상이기도 한 시장 중시의 '신고전파 경제학'의 시각에서, 국가개발계획청, 재무성, 상업성, 투자조달청 등 주요 경제 관청의 요직을 차지하여 경제 개발을 추진해 갔다. 이 기술 관료의 등용은 제6장에서 살펴보겠지만 개발주의 국가에서 공통적으로 찾아 볼 수 있는 특징이기도 하다.

물론 버클리 마피아가 항상 경제 정책의 주도권을 잡았던 것은 아니며 때로는 사리사욕을 우선하는 관료나 후에 대통령이 된 하비비 같이 인도네시아 경제의 역량을 훨씬 뛰어넘는 하이테크 산업(항공 산업)의 중요성을 주장하던 기술 관료들이 우위를 차지하던 경우도 있었다. 그러나 수하르토 체제를 통해서 볼 때 시장과 경제 합리성을 중시하는 한 무리의 경제학자 집단이 개발을 주도하였다 해도 과언이 아닐 것이다. 군인 독재자와 신고전파 경제학자가 기묘한 '2인 3각'을 이루어 인도네시아의 개발을 이끌어 나간 것인데, 이것은 수하르토 개발주의 국가가 단순히 사리사욕만을 채우는 개인 독재 체제와는 다른 것이었음을 뜻하기도 한다.

2_성장과 이슬람지식인협회

수하르토 체제하의 성장

한국, 대만과 마찬가지로 수하르토 개발주의 국가하에서 인도네시아도 경제 성장을 이룩하였다. 물론 두 나라와 비교하면 성장률이 높은 편은 아니지만 개발이 시작되기 전의 수카르노 시대와 비교하면 그 차이는 뚜렷하다. 우선 거시 통계 수치를 확인해 보면,

1970년의 1인당 국민소득(GDP)은 77달러에 불과했으나 1996년에는 1,140달러로 1,000달러가 넘는 성장세를 보였다. 그러나 거시 경제 지표가 좋아졌다고는 해도 성장한 지역과 그렇지 못한 지역간의 격차 문제가 심각하였다. 이것은 인도네시아가 광대한 해역에 걸쳐 있는 사회이기 때문이다(1990년대의 중국 개발도 이런 경향을 지녔다). 전체적으로 보아 인도네시아가 과거보다 풍요로워졌다는 것은 틀림없는 사실이다. 산업 구조를 보아도 1969년에는 농업·수산업이 국내 총생산의 47.0%를 차지했고 공업은 8.3%에 불과했지만, 1996년에는 농업이 15.2%, 공업이 24.6%를 차지하여 산업 구조상 공업국으로 전환되었다. 성장은 사회 지표에도 반영되어 있다. 국민 가운데 소득이 최저한의 생활 유지도 불가능한 수준을 밑도는 사람들의 비율이 1976년에는 40%였으나 1990년에는 20%로 반감되었다. 교육의 보급도 눈에 띄게 늘어나 국민 가운데 학력이 중졸인 사람의 비율은 개발 25년 만에 17%에서 53%로, 고졸은 9%에서 33%로, 그리고 대졸은 1.6%에서 10.5%로 상승하였다.

그렇다면 국민 소득과 생활 수준의 향상은 인도네시아의 사회 구조에 어떤 변화를 가져왔는가? 여기에서 중간층에 주목할 필요가 있다. 중간층의 정의에 대한 논의는 생략하기로 하고 살펴보면, 인도네시아 전체에서 중간층의 비율은 1990년대에 이르면서 10% 정도로 증가하였다. 그런데 다른 나라와 비교해서 인도네시아의 특징은 중간층의 직업에 관료(중ㆍ하급 정부 공무원), 군인, 기업 경영자가 많다는 사실이다. 예를 들어 정부 관료의 수는 1974년의 167만 명에서 1991에는 388만 명으로 배가했으며 특히 신규 고용자의 반수 이상은 고졸자(53.8%)가 차지하고 대졸자도 7.1%로 상당수를 차지하고 있다. 이것은 인도네시아 정부가 개발을 추진하는 가운데 최대의 고용자로서, 고등 교육을 받은 중간층을 창출해 냈음을 의미하는 매우 흥미로운 사실이라 하겠다.

우리의 관심은 이러한 사회 변화가 수하르토 개발주의 국가에 어떤 충격을 주었는가 하는 것이다. 수하르토 체제는 야당과 정부 비판 세력을 힘으로 억제하였지만 그럼에도 불구하고 1970년대에 정부 비판 운동이 일어났다. 그러나 이때의 정부 비판이나 변혁 운동은 군 내부의 불만파나 비주류파, 일부 이슬람 단체, 학생 운동 세력 등이 주도한 것으로 사회와는 단절된 움직임에 불과했기 때문에 국가는 이들을 간단히 억압, 관리할 수 있었다. 그러나 개발과 성장에 따르는 사회 변화는 새로운 시민 사회 단체의 등장을 촉진하기에 이르렀다. 여기서는 그 대표적인 것으로 두 개의 집단을 소개하고자 하는데 그 중 하나는 이슬람 중간층의 단체이고, 또 하나는 NGO이다.

이슬람지식인협회와 NGO

먼저 이슬람 중간층에 대해 논하고자 하는데 이 집단에 주목할 필요가 있다. 왜냐하면 인도네시아는 국민의 90%가 이슬람교도인 이슬람 국가이기 때문에 이슬람 중간층은 곧 인도네시아의 중간층 이라고 부를 수 있기 때문이다.

1990년 12월, 동자바의 말랑에서 이슬람교도와 지식인이 주축이 된 이슬람지식인협회(ICMI)가 창설되었다. 그때까지 인도네시아의 이슬람 단체는 여러 개로 분열되어 있었는데 이 협회에는 후에 대통령으로 취임하는 와히드가 이끈 나흐들라툴 울라마(이슬람 지도자의 각성이라는 뜻)를 제외한 주요 단체가 가담하였다. 설립 대회에는 각료, 대학 교수, 고급 관료, 이슬람 지도자, 야당, 민족 기업가, NGO 활동가 등 이슬람 유력자 약 500명이 참석하였다. 이 대회는 군을 축으로 하는 수하르토 체제에서 배제되어 온 이슬람의 일대 결속을 다짐하고 개발과 성장에서 발생한 사회의 소득 격차와 불공정을 시정하는 정책을 국가와 정부에 요구하려는 데 그 목적이 있다고 주장하였다. 이러한 움직임으로 단순히 이슬람 중간층이 증대하였다는 것 외에 세계적 규모의 이슬람 부흥이 인도네시아·이슬람의 대동단결을 촉구하게 되었다는 사실을 주목해야 할 것이다.

이슬람 중간층의 이러한 움직임에 대해 정부는 신속하게 대응하였다. 그 동안 정부는 이슬람 세력을 정치에서 철저하게 배제시켜왔는데, 그 후부터는 체제 내에 이슬람 세력을 끌어안는 방향으로 전환하였다. 구체적으로 이슬람지식인협회 설립에 대해 전면적인 지원을 해주고 초대 회장에 수하르토의 심복인 하비비를 취임시켜, 신랄하게 정부를 비판해 온 이슬람 운동가가 포진해 있는 지도층 내부에 정부 고관과 군인을 투입시킨 것이다. 인도네시아 정치사회에서 가장 강한 영향력을 지닌 이슬람 세력을 계속 배제시킨다는 것도 곤란하지만, 그렇다고 그들에게 자유로운 행동을 허용하는 것도 위험한 일이었기 때문에 체제 내로 그 운동을 흡수하여 통제하는 것이 오히려 낫다고 판단하였던 것이다. 그리하여 이슬람지식인협회는 체제 내의 유력자, 정부 비판파의 지식인, 그리고 NGO 활동가가 동거하는 기묘한 조직이 되고 말았다. 그러나 이 협회는 밑으로부터 자율적으로 만든 조직체라는 점, 그리고 그 동안 분열되어 있었던 이슬람 세력의 대동단결을 가져왔다는 점에서 그 의의를 찾을 수 있을 것이다. 이슬람지식인협회를 둘러싼 움직임과 수하르토 개발주의 국가의 전성기를 비교해 본다면 국가와 이슬람 단체(시민 사회)의 역학 관계에 변화가 일어났다고 볼 수 있는데, 이러한 변화는 수하르토 퇴진 후 이슬람 세력을 기반으로 한 대통령이 탄생한 하나의 요인이 되었다.

　그러나 중간층 모두가 이슬람지식인협회에 참여한 것은 아니었다. 중간층의 다른 하나의 활동 무대가 된 것은 NGO였다. 인도네시아에서 NGO는 1980년대에 활성화되었는데 이것은 세계적으로 NGO 운동이 고양되는 시기와 일치한다. 현재 NGO 숫자는 7,000개를 넘어섰고 그 중 2,800개 정도는 수도인 자카르타에 집중되어 있다. 물론 NGO라고 해도 규모가 큰 것에서부터 작은 것까지 아주 다양한 형태를 보이고 있으나, 유력한 NGO는 1,000명 가까운 직원을 두고 해외 NGO와도 연대하면서 농촌 개발, 기능 훈련, 환경 문제, 소규모 기업 지원 등의 활동을 전개하고 있다.

이 책에서 다루고 있는 5개국 가운데 인도네시아에서 NGO의 활동이 가장 활발한데 그 이유는 무엇일까? 여기서는 국가와 관련되는 것으로 흥미로운 이유를 하나 들어 보기로 하겠다. 수하르토 개발주의 국가는 개발을 통해 1인당 국민소득을 향상시킨 공로가 있으나, 한편으로는 소득 격차의 확대와 개발에서 소외된 사람들(농민과 도시 빈민)의 발생 등 부정적인 측면도 생겨났다. 일반적으로 이런 집단의 구제는 국가의 임무이지만 국가의 자원, 능력, 의욕이 미치지 못하는 상황이었으므로 국가를 대행하는 형식으로 NGO가 등장하였다. 다만 이미 설명한 대로 수하르토 개발주의 국가는 국민의 정치 참여를 엄격히 규제하였기 때문에 NGO는 먼저 정부 행정을 대체하는 영역에서 활동을 시작하였으며, 일부 NGO는 점차 정치 영역에까지 발을 들여놓아 인권과 민주화를 내세워 정부 비판 운동을 시작하게 된 것이다.

여기서 주목할 것은 국가와는 관계가 없는 자율적인 단체가 국민 생활에 관여하는 활동을 시작하였고 더구나 몇 개의 단체는 그 활동 범위가 외국 단체와 연계되어 있었다는 사실이다. 이는 인도네시아 개발주의 국가에서 나타난 매우 새로운 사태라고 할 수 있다. 수하르토 개발 정치가 만들어낸 현상의 하나인 NGO가 수하르토 개발주의 국가의 기반 자체를 흔들 수 있는 역할을 수행해 갔던 것이다. 그리고 이에 못지 않게 중요한 것은 NGO의 활동 영역 확대 그 자체가 곧 시민 사회의 활동 영역 확대이기도 하다는 사실이다.

요컨대 수하르토 개발주의 국가는 그 정당성의 기반으로 개발을 추진함으로써 국가의 대항 세력(시민 사회)을 양산하게 된 셈인데, 이는 한국, 대만의 경우와도 매우 유사하다. 그렇다면 수하르토 개발주의 국가는 어떻게 붕괴되어 갔는가? 이를 살펴보기 전에 우선 다른 개발주의 국가에서도 나타났지만 특히 인도네시아에 현저하게 나타난 측면에 대해 언급할 필요가 있다.

3_경제 위기와 수하르토 개발주의
   국가의 붕괴

흔들리는 수하르토 체제

1990년대에 들어서면서 수하르토 체제하의 강권 정치의 폐해와
대통령 일가의 부패에 대한 국민의 불만과 비판이 보다 거세졌다.
수하르토 체제는 그런 대로 성장을 지속함으로써 이를 억제해 왔
으나, 그 동안의 비판이 주로 억압적 정치 체제에 대한 것이었는
데 비해 점차 경제 개발의 방향에 대한 비판이 대두하기 시작하였
다는 점에서 체제 유지에 위협이 되었다. 이것은 수하르토 개발주
의 국가가 국민을 풍요롭게 한다는 목표하에 거시 경제 성장에 매
진한 것 외에 또 하나의 얼굴을 가지고 있었기 때문이다. 그것은
바로 수하르토 체제를 붕괴시킨 직접적인 요인이 되었고 개발주의
국가의 '이면의 얼굴'이라 할 수 있는 화교 기업가들과의 유착과
수하르토의 가족 기업들이었다. 이에 대해 간단히 설명해 보겠다.

동남 아시아 사회에서는 중국 화교에 대한 토착 민족의 반감이
대단히 강하여 때때로 반화교 폭동이 일어나곤 하였는데 특히 인
도네시아에서 중국 화교에 대한 반감은 매우 강하다. 9·30사건 이
후 상점 간판에 중국어를 사용하는 것이 금지되었고, 중국 이름을
인도네시아 이름으로 강제 개명시키는 등 화교에 대한 정치적·사

수하르토

회적 차별과 억압책이 취해졌다. 그런데 기묘하게도 수하르토 대통령은 개발의 집행 주체로 화교 기업가를 활용하였다. 1980년대에 인도네시아에도 거대 기업 그룹이 생겨났는데 20대 그룹 중 18개 그룹이 화교 자본으로 만들어졌다. 특히 유명한 것이 린샤오량[林紹良]이 이끄는 살림그룹으로 이들은 인도네시아뿐 아니라 동남아 최대의 화교 기업 그룹이 되었다.

반화교국인 인도네시아에서 화교 기업인이 대두하게 된 이유는 매우 간단하다. 화교 기업가는 유력 정치가와 특별한 관계를 맺어 기업을 발전시키는 반면, 정치가는 화교 기업가에게 정치적 보호와 특권을 부여함으로써 정치 자금원을 확보할 수 있기 때문이다. 위에서 소개한 살림과 수하르토 대통령의 밀접한 관계는 유명하다. 이것이 1970년대와 1980년대 전반의 일이다. 1980년대 후반이 되면서 대통령이 사업상의 이권을 남발하는 특권을 향유하여 그것이 차츰 수하르토 일가 전체로 퍼져 나갔다. 수하르토는 슬하에 3남 3녀를 두었는데 1990년대에 이르면서 거의 전원이 대기업가로 성장하였다. 대통령의 특권을 이용하여 기업에 진출하거나 특정 사업을 독점하는데 그 비결이 있었음은 두말할 필요도 없다. 최고 권력자의 일가족이 모든 이권을 독점하게 되는 상황에서 체제의 측근 세력들에게서도 비슷한 경향이 나타나는 것은 전혀 이상한 일이 아니다.

요컨대 초기 수하르토 개발주의 국가는 엄격한 정치 관리와 경제 성장에 매진하였으나(물론 그 당시에도 대규모의 부패 사건들이 있었다), 말기로 가면서 노골적인 폭력과 성장의 과실을 탐하는 모습이 두드러지는 국가로 변모하게 되었다. 국민은 일부 특권층이 개발의 성과를 독차지하는 수하르토 개발주의 국가에 대해 KKN(유착, 부패, 정실 인사)이라는 낙인을 찍으면서 격렬한 비판을 더해 갔다. 그런 상황 속에서 아시아 경제 위기가 발생한 것이다.

아시아 경제 위기에 분노하는 국민

1997년의 아시아 경제 위기는 인도네시아에도 파급되었다. 수치를 가지고 논의하는 것이 다소 복잡하긴 하지만, 수하르토 개발주의 국가의 경제 붕괴를 상징적으로 잘 보여 주는 인도네시아 통화 루피아화의 폭락 모습을 간략하게 소개할까 한다. 위기 발생 직전인 1997년 6월에 1달러당 2,450루피아였던 환율은 8월에는 3,050루피아, 10월에는 3,670루피아로 서서히 하락하여, 12월 9일에 대통령이 신병 치료와 요양에 들어갔다는 소문이 흘러나오자 갑자기 5,120루피아로 폭락하였다. 인도네시아 경제 위기, 그리고 수하르토 개발주의 국가의 붕괴가 시작된 것이다. 1997년 12월 말에는 정부 채무가 524억 달러, 민간 채무가 656억 달러로 대외 채무가 무려 1,333억 달러에 달해 인도네시아가 외채 더미에 올라앉았음이 명백해졌다. 외국 금융 기관에서 터무니없이 많은 자금을 빌려온 기업은 루피아화 폭락으로 심각한 채무 변제에 직면하게 되었으며 문제는 그것으로 끝나지 않았다. 해를 넘겨 1998년 1월 환율이 1달러당 1만 3,705루피아로 폭락하자 물가 상승을 우려한 국민은 생활 필수품을 사재기하기 시작하였고, 이로 인해 물가 상승과 물품 부족 현상은 한층 더 악화되었다. 기업뿐만 아니라 국민도 경제 위기에 의한 직격탄을 맞은 셈이 되었다.

사태가 이러한 상황에 이르자 정부는 외국 정부와 금융 기관에 채무 변제 연기와 동결 교섭을 벌이고 IMF에 긴급 융자를 요청하였다. 교섭 과정에 우여곡절이 있었으나 IMF는 융자 제공의 조건으로 긴축 재정과 수하르토 가족 기업의 청산 등 혹독한 정책을 제시하였다. 이에 대해 수하르토 대통령은 정부 재정 삭감의 일환으로 국민 생활을 지원하는 보조금 감축과 가솔린 세금 등 공공 요금 인상이라는 조건은 받아들였으나, 구미와 국제 기구로부터 가장 거센 비판을 받았던 가족 기업은 어떻게 해서든지 온전하게 유지하려 하였다. 국민 경제와 국민 생활이 위기에 빠진 가운데 수하르토 대통령의 이러한 조치는 국민의 분노를 사기에 충분하였다. 국민은 가족 기업의 보존 획책을 KKN의 상징으로 간주하고 학생을 중심으로 격렬한 수하르토 비판 운동을 시작하였다. 학생들은 수하르토 퇴진 요구에 운동의 초점을 맞추고 연일 대규모 항의 집회와 가두 시위를 계속하였다. 1998년 5월 12일, 트리삭티 대학 학생들의 항의 집회에 군이 발포하면서 희생자가 생겼다. 사회가 일대 소란에 빠진 불안한 상황 속에서 5월 14일에는 자카르타의 차이나타운인 '글로독'에서 폭동이 발생하였다. 그것이 순식간에 자카르타 전역에 퍼져 약탈과 방화가 행해지고 화교 상점을 습격하거나 화교 여성들에 대한 폭행 사건 등이 연이어 발생하였다. 처음에 폭동을 좌시하던 군은 갑자기 태도를 바꾸어 진압에 나섰고, 이로 인해 약탈자들을 포함한 1,000여명의 희생자가 발생하는 대참사가 벌어졌다.

과거 인도네시아에서 발생한 일련의 폭동에는 종종 군의 암약과 권력 투쟁이 얽혀 있었다는 사실을 교훈 삼아 학생들은 군이 개입할 구실을 주지 않기 위해 시위 장소를 국회 광장과 대학 구내에 국한시켜 질서 있는 운동으로 방향을 전환하였다. 5월 16일에는 '개혁을 위한 인도네시아 국가위원회'가 창설되고 학생 운동 지도자뿐만 아니라 전각료, 대통령에게 비판적인 군인, 일부의 이슬람 단체 지도자, 반체제파 지식인이 참여하여 수하르토 퇴진 운동을 전개하였다. 인도네시아의 다양한 시민 사회 단체가 수하르토 퇴진을 위해 모두 단결한 것이다.

수하르토 비판이 사회의 모든 계층으로까지 번졌음을 인식하게 된 체제 지탱 세력인 군과 골카르는 이제 수하르토 퇴진 외에는 사태 수습의 길이 없다고 판단함에 따라, 5월 18일 골카르 의장이자 국회의장이기도 한 하르모코가 수하르토 퇴진을 권고하였다. 수하르토는 자리를 지키려고 필사의 노력을 다했지만 결국은 1998년 5월 22일 대통령직에서 사임하지 않을 수 없었다. 이렇게 하여 33년 동안이나 지속된 수하르토 개발주의 국가가 종언을 고하게 되었고, 인도네시아뿐만 아니라 아시아에서 한 시대가 종말을 맞기에 이르렀다.

수하르토 개발주의 국가는 왜 붕괴했는가?

수하르토 퇴진 후의 인도네시아는 개발주의 국가를 대치하는 새로운 국가상과 정치를 모색하는 시행착오의 시기로 들어가게 되는데, 그것을 논의하기 전에 수하르토 개발주의 국가의 붕괴 이유에 대해 생각해 보자. 그 이유는 여러 가지가 있으며 대부분이 한국, 대만과 공통된 것이지만, 여기서는 수하르토 체제의 독특한 요인 두 가지를 들어 보겠다. 첫째는 체제의 부패이다. 수하르토 개발주의 국가는 버클리 마피아로 대표되는 경제 합리성의 일면을 지녔다. 그러나 체제 말기에 이르면서 수하르토의 부인이 상권과 관련된 리베이트로 사업비의 10%를 요구하여 기업가들 사이에서 '마담 10%'라는 비난을 들을 정도로 부패가 무척 심하였다. 인도네시아 경제가 순조롭게 성장하여 비록 왜곡된 측면이 있지만 소득 향상 등 국민들에게 성장의 과실을 분배하고 있었을 때는 개인 부패가 그다지 두드러지게 부각되지는 않았다. 그러나 국민 전체가 경제적 고통을 겪게 되면서부터 추상적인 정치적 억압에 대한 비판보다는 가장 피부에 와 닿고 명료한 부패 문제가 체제 비판의 중심 내용이 되었다.

또 하나는 지배의 형태이다. 초기 수하르토 개발주의 국가는 군과 골카르를 축으로 한 조직 지배, 또는 제도 지배였다고 할 수 있으나, 체제 말기에 이르면서 개인 지배의 색채가 극도로 짙어졌다. 문제는 개인 지배가 한 사람에게 100%의 권력을 부여하는 것인 만큼 체제가 기능을 잘 발휘하고 있을 때는 견고하겠지만, 일단 독재자 개인의 권위나 위신이 실추될 경우 누구도 그것을 자신의 체제라고 인정하려 들지 않기 때문에 쉽사리 붕괴되고 만다는 데 있다. 수하르토 체제의 최후 국면에 나타난 군과 골카르의 이반(離反)이 그것을 너무나 잘 말해 주고 있다. 즉 개발주의 국가의 전성기에는 '수하르토 · 군 · 골카르' 대 '시민 사회'의 구도였으나, 나중에는 '수하르토' 대 '군 · 골카르 · 시민 사회'의 구도로 변하여 수하르토 대통령은 마치 벌거벗은 임금과 같은 처지가 되고 만 것이다.

그렇다면 수하르토 개발주의 국가를 붕괴시킨 것은 누구인가?

군이 배후에서 조종한 폭동과 정치 사회의 혼란에 편승하여 발생한 약탈 사건으로 체제 최후의 순간에 정치 행위자의 구도가 뚜렷하게 나타나지 않는 것 같으나, 주의해서 보면 수하르토 비판의 담당 세력은 일관된 것이었음을 알 수 있다. 즉 일부 야당, 학생, 노동자, 지식인, 이슬람 단체, 중간층이 그 세력들이다. 그 중에서 일부의 야당 정치가(후에 대통령이 된 메가와티)나 지식인, 학생, 매스컴은 이미 예전부터 수하르토 비판을 전개해 왔었고, 1998년의 체제 붕괴시에는 앞에서 거론한 모든 행위자들이 일제히 힘을 합쳤다. 광범한 시민 사회 단체가 참가한 구도는 이미 보아온 한국, 대만의 경우와도 매우 흡사한 것이었다.

4_와히드 체제와 인도네시아 국가의 향방

포스트 수하르토 정치의 모색

수하르토 체제는 혼란스러운 정황 속에서 종언을 고했고, 인도네시아는 개발주의 국가로부터 다른 유형의 국가로 이행하기에 이르렀다. 그런데 수하르토 타도를 위해 결집했던 정치 참여자들은 포스트 수하르토 시대의 정치 체제상과 국가 진로의 시나리오를 확실하게 가지고 있었던 것일까? 이 점에서 수하르토 타도까지는 일치된 정치 시나리오가 있었으나, 그 후의 문제에 대해서는 정치 참여자들 각각이 동상이몽을 하고 있었음에 틀림없다. 그렇기 때문에 수하르토 퇴진 후에 민주화를 유일의 공통어로 사용하면서 시행 착오의 모색을 시작하게 되는데, 그 과정에서 주요 행위자로 등장한 것이 앞서 소개한 자바, 이슬람, 군(골카르)의 3대 세력이었다.

수하르토 대통령 사임 후 헌법 규정에 따라 하비비 부통령이 대통령으로 승격됐으나, 하비비는 수하르토와 거의 일심동체인 정치가였기 때문에 처음에는 단순히 대통령의 이름만 바뀐 것일 뿐 아무 변화도 없을 것이라고 예상되었다. 그러나 국민을 놀라게 한 것은 하비비가 수하르토 개발주의 국가의 '청산 담당자'로서의 역할을 자처하였다는 점이다. 하비비는 구체제와의 결별을 내세운 '개혁'를 주장하면서 대담한 정치 경제 개혁에 착수하였다. 경제 영역에서는 IMF의 의향을 따른 금융 개혁(부실 은행의 정리와 통합)을 단행했고, 정치 영역의 개혁으로서 놀랍게도 민주화와 지방 분권화를 구호로 내세운 개발주의 국가의 해체를 추진해 간 것이다. 수하르토 체제가 그처럼 오래 지속될 수 있었던 요인의 하나는 야당과 국민의 정치 활동을 완전히 봉쇄하였기 때문인데, 하비비 대통령은 수하르토 체제의 정치 억압의 골격을 이루었던 정치 관련 3법을 개정하여 정당 결성의 자유 등 국민의 정치적 자유를 인정하고

정·부통령의 임기도 최대 2기, 10년을 상한으로 설정하였다. 수하르토 개발주의 국가의 시민 사회에 대한 억압 장치가 체제 내의 일원에 의해 철폐된 셈이 되었는데 이것 역시 한국의 군인 출신 대통령, 대만의 국민당 지도자에 의한 체제 내 개혁(민주화)과 동일한 구도이다. 여하튼 수하르토 시대에는 골카르당, 두 개의 야당 등 겨우 세 개에 불과했던 정당의 수가 1999년에는 우후죽순격으로 늘어나 200개 이상이 되었다. 정당 결성이 정치 자유화를 상징하게 된 것이다. 그렇다면 포스트 수하르토 정치, 다른 말로 표현하면 민주화가 인도네시아 정치에 자유와 안정을 가져다 주었다고 할 수 있을까? 이에 대해서는 자유는 가져다 주었으나, 안정은 가져다 주지 못하였다고 말할 수밖에 없다. 1999년의 총선거와 그 후에 계속된 대통령 선거를 보면 무엇이 문제인가를 어느 정도 짐작할 수 있을 것이다.

와히드 대통령의 탄생

1999년 6월 7일, 인도네시아 최초의 자유 선거라고 할 수 있는 총선거가 48개 정당이 참가한 가운데 실시되었다. 이 선거는 포스트 수하르토 정치의 틀을 결정한다는 의미에서 매우 중요한 선거였으나, 그 결과는 복잡하게 나타났다. 의석 획득수를 살펴보면 수카르노 초대 대통령의 딸인 메가와티가 이끈 투쟁민주당이 153석(34%),

수하르토 체제 시절의 여당 골카르가 120석(22%), 이슬람계의 개발통일당이 58석(11%), 민족각성당이 51석(13%), 그 외의 여러 정당의 순으로 나타났다. 이것을 3대 정치 사회 세력으로 분류한다면 자바가 153석, 이슬람이 156석, 군과 골카르가 120석으로 대체로 각각 3분의 1씩을 나눠 가진 균형 상태가 된다. 인도네시아 정치 사회의 다양성을 상당히 정확하게 반영한 선거 결과라고 할 수 있으나 동시에 절대 다수파가 존재하지 않기 때문에 명분 없는 대통령 선거를 만든 한 요인이 되기도 하였다.

1999년 10월 20일, 대통령을 선출하는 국민협의회가 개최되었다. 후보자는 자바를 기반으로 한 메가와티, 군과 골카르를 대표하는 하비비 대통령, 이슬람계 정당에 기반을 둔 와히드의 세 사람이었다. 국민협의회에서는 정치 기반이 가장 약한 하비비가 대통령 재선을 노리다가 실패하였고, 정치 흥정의 결과로 최후에 골카르와 이슬람계 여러 정당 사이에 반메가와티 연합이 형성되어 결국 와히드가 대통령에 선출되었다. 그리고 그 다음날 메가와티의 열렬 지지자들의 불만을 무마해야 한다는 필요성에서 메가와티를 부통령으로 선출하였다.

이와 같은 과정을 통해서 포스트 수하르토 시대의 지도자 체제가 결정되었다. 취임 당시 59세였던 와히드 대통령은 '구스 두르'라는 애칭으로 불리는 지도자이다. 와히드 체제는 현대 인도네시아 정치 속에서 과연 어떤 위치를 차지하고 있는가? 여기서는 그 의의로서 두 가지 점을 지적하고자 한다. 하나는 와히드 체제는 인도네시아 정치사상 최초의 이슬람 정권이라는 점이다. 수카르노 체제는 자바에, 수하르토 체제는 군에 기반을 두었으나 와히드 정권은 처음으로 이슬람이 중핵이 된 정권이라는 특징을 지닌다(그렇다 해도 이슬람 원리주의의 신봉자는 아니고 사상적으로는 온건파에 속함). 또 하나는 부대통령에 메가와티(자바), 정치조정장관에 군인이 취임한 것으로 보아 이슬람, 자바, 군이라는 3대 정치 사회 세력에 의한 '거국 체제'의 모양새를 갖추고 있다는 점이다. 이는 독립 후 50년이 지나서 처음으로 인도네시아에 포괄적인 정치 체제가 탄생한 것으로 매우 획기적인 사건이라 할 것이다.

그럼에도 불구하고 그것이 인도네시아의 정치 안정과 국가 통치 능력의 향상에 제대로 연결되지 않고 있다는 것이 문제이다. 그 이유는 무엇일까? 지금부터 그 이유를 설명하고자 하는데, 이는 곧 포스트 개발주의 국가 시대의 인도네시아가 직면한 과제이기도 하다. 먼저 인도네시아 개발주의 국가를 총괄하며 시작해 보자.

인도네시아의 과제와 향방

33년이라는 오랜 기간 동안 군을 기반으로 하여 인도네시아의 국가와 사회를 지배했던 수하르토 개발주의 국가는 1998년에 극적

아체주 독립 요구 시위

으로 붕괴하였으며, 그 후 후계자에 의해서 차츰 민주적인 개혁이 단행되었다. 인도네시아는 마침내 독재 억압 정치의 멍에에서 벗어나 민주주의 정치로의 걸음을 내딛기 시작한 것이다. 그렇다고 해서 수하르토 시대의 정치 집단이 정치 무대에서 완전히 사라진 것은 아니다. 오히려 개발주의 국가를 지탱했던 양대 세력, 군과 골카르는 포스트 수하르토 시대에도 생존하여 3대 정치 세력의 하나를 구성하고 있다. 개발주의 국가의 구세력이 살아남아 있는 구조는 한국, 대만과 매우 흡사하며, 이는 개발주의 국가의 종언에서 나타나는 흥미로운 공통 현상의 하나이다.

개발주의 국가의 종언 후에 인도네시아 정치는 1999년의 총선거와 대통령 선거의 결과에서 나타나듯이 자바, 이슬람, 군의 전통적인 정치 세력이 담당하고 있다. 어떤 의미에서는 사실상 현대 인도네시아 정치가 이 세 개의 세력으로 출발하여, 수하르토 개발주의 국가에서는 그 중의 하나가 정치를 독점하였고, 그것이 종언을 고한 현재 다시 과거의 출발 지점으로 되돌아간 것이라고 볼 수도 있다. 포스트 수하르토의 인도네시아는 3대 정치 세력이 서로 경쟁하고 싸우며 유지되는 균형 상태, 달리 말해서 삼파전의 상태에 있는 것이다.

그렇다면 이것이 정치 안정, 국가의 통치 능력과 어떤 관계가 있는가? 수하르토 체제의 붕괴 후 아체특별주, 말루쿠주, 동티모르주 등에서 민족 자립, 지방 분리, 종교 대립 등의 문제가 발생하여 인도네시아가 크게 흔들리고 있다. 최악의 경우, 국가 분해의 위기가 발생하지 않을 것이라고 단언할 수 없다. 이런 분쟁과 대립으로 수하르토 독재 시대에 못지 않게 많은 국민이 피를 흘리고 있다. 그 이유 중의 하나는 아이러니컬하게도 독재 체제의 붕괴가 민주화뿐만이 아니라 국가 위기라는 상황도 함께 가져왔다는 데 있다. 수하르토 개발주의 국가하에서 사회의 자유는 군의 폭력으로 완전히 억눌려져 있었으나, 그러한 억압이 사라진 현재는 사회의 자유가 일제히 분출하여 제각기 나름대로의 방향으로 가기 시작했기 때문이다. 많은 국민들은 독재 체제의 종언과 민주화가 안정과 평화를 가져올 것이라고 기대했으나 현실은 그렇지 못하였다. 그렇기 때문에 현재 인도네시아는 개발주의 국가와는 다른 의미의 국가 능력이 필요한 상황이다. 문제는 와히드 정권이 민주적 체제임에는 틀림없으나 포괄적 정부라는 성격 때문에 뒤집어 보면 모든 정치 세력이 참가한 '타협' 의 산물에 불과하며, 바로 이러한 와히드 정권의 성격이 체제 불안정의 주요한 요인이 되고 있다는 데 있다. 또한 수하르토 시대의 행정 체제가 해체된 후 아직도 새로운 체제가 형성되지 못하고 있다는 것도 통치 능력을 갖추지 못하게 하는 이유 중의 하나이다.(결국 와히드는 부패 등의 이유로 국민협의회의 탄핵을 받아 자리에서 물러나고 메가와티가 대통령직을 승계하였다.)

서론에서 독립 후 여러 아시아 나라들의 국가 과제의 변천을 국가 통합-개발-민주화라는 세 단계로 구분하였는데, 인도네시아 역시 이 세 단계 과정을 하나의 모델과 같이 거쳐 왔다. 그러나 한국과 대만에서는 제3단계의 민주화 이후 시민 사회를 축으로 민주주의 정착의 과제에 주력하고 있는 데 비해, 인도네시아에서는 지방 분리 운동이나 종교와 민족이 원인이 되는 분쟁이 빈발하여 국가 와해의 위기에 직면하고 있다. 그 때문에 또다시 독립 후처럼 국가 통합의 시대로 되돌아갔다고 보는 관점도 제기된다. 이것이 개발주의 국가 붕괴 후의 인도네시아 정치의 현주소이다. 인도네시아의 경우를 보면 민주주의 체제하에서 어떻게 국가의 안정성과 통치 능력을 확보할 것인가의 의문이 제기된다.

국가가 이와 같은 위기 상태에 있는 가운데 수하르토 말기에 영역을 확대한 시민 사회는 무엇을 할 수 있고 또한 무엇을 할 필요가 있는 것일까? 여기서는 한 가지만 언급해 두고자 한다. 현재 인도네시아가 직면하고 있는 문제는 국가에 대응하는 타협이나 무력 진압이 아니다. 결정적으로 중요한 과제는 바로 시민 사회가 어떤 역할을 하느냐 하는 것이다. 예컨대 민족과 종교가 원인이 되는 분쟁의 경우, 기본적으로 국가의 역할은 분쟁 진압과 조정에 있을 뿐이지 본질적인 문제 해결은 사회 집단 상호간의 관계, 즉 이슬람교도와 기독교도, 또는 푸리부미(토착 민족)와 화교 사이의 대화와 상호 이해에 달려 있다. 민족과 종교는 기본적으로 시민 사회의 영역에 속하는 것으로 사실 대부분의 분쟁의 원인은 국가가 아니라 사회에 있다고 할 수 있다. 그래서 국가와 시민 사회의 관계만이 아니라, 어떻게 하면 시민 사회 상호간에 안정적이고 조화로운 관계를 구축하느냐는 문제에도 주력하여 어떤 식으로든 해결의 지혜를 찾아낼 필요가 있는 것이다. 이것이 광대한 영역에 다수의 민족과 종교를 포용하고 있는 인도네시아 시민 사회의 중요한 과제이다.

인도네시아 연표

644	말라유 왕국(힌두교 왕조), 수마트라 남부지역 지배
689	스리위자야 왕국(불교 왕조), 수마트라, 자바, 말레이반도 지배
1292	마쟈파히트 왕국(힌두교 왕조), 현재의 전인도네시아 영토, 말레이 반도, 필리핀 남부에 걸친 거대한 해상제국 형성 15세기 이슬람교 침투, 수마트라, 자바, 칼리만탄 해안 지역에 말라카, 반담, 마타람 등 여러 이슬람 왕국 성립
1602	네덜란드의 동인도 회사 설립으로 식민지 경영 시작
1824	전 인도네시아 네덜란드 직할 식민지화
1942~1945	일본 점령
1945. 8	수카르노 대통령 인도네시아 공화국 독립선언 및 헌법 채택, 대 네덜란드 무력 항쟁 시작
1949. 11	4년간의 대 네덜란드 무력 항쟁 끝에 인도네시아가 주권 국가임을 승인하는 헤이그협정 조인
1949. 12	인도네시아 연방공화국 수립
1950. 8	인도네시아 공화국으로 복귀
1950. 9	유엔가입
1956. 2	헤이그협정 일방적 폐기, 완전한 자유 독립 국가가 됨
1965. 9	인도네시아 공산당(PKI) 쿠데타 시도, 군부에 의해 진압
1966. 3	수카르노 대통령, 수하르토 장군(당시 전략사령관, 육군소장)에게 실권 이양(3. 11. Super Semar)
1967. 3	수하르토 사령관, 대통령 권한대행에 취임
1968. 3	수하르토, 5년 임기의 대통령 취임, New Order Government 출범
1969. 8	이리안자야 귀속 공포
1973. 3	수하르토 대통령 재선
1976. 7	동티모르 합병(27번째 주)

1978. 3	수하르토 대통령 3선
1983. 3	수하르토 대통령 4선
1988. 4	수하르토 대통령 5선
1993. 3	수하르토 대통령 6선
1998. 5	수하르토의 장기 집권에 반대하는 민주화 소요사태 발생, 수하르토 대통령직 사임, 하비비 부통령 대통령직 승계
1999. 1	3대 정치관련법 개정
1999. 10	와히드 대통령 선출
2001. 7	와히드 대통령 탄핵 사임, 메가와티 대통령직 승계

말레이시아 | 흔들리는 마하티르의 개발주의 국가

▶ 부미푸트라 체제와 마하티르의 개발 정치
▶ 변화하는 사회
▶ 경제 위기로 흔들리는 개발주의 국가
▶ 말레이시아 개발주의 국가는 어떻게 될 것인가?

말레이시아는 인구 2,200만의 '복합 사회'이다. 복합 사회란 고유의 민족·종교·언어를 가진 복수의 집단이 모여 살지만 그들 사이에 벽이 높아 서로간에 교류가 없는 사회를 지칭한다. 실제로 세계 여러 나라를 보면 한국이나 일본처럼 단일 민족(언어)이 한 나라를 만든 경우는 예외에 속한다고 할 수 있다. 말레이시아는 '말레이어·이슬람교'의 말레이인, '중국어·불교'의 화교, '타밀어·힌두교'의 인도인이라는 3대 주요 종족으로 이루어진 아시아의 대표적인 복합 사회로서 사람들의 행동, 특히 정치 활동에서 종족이 절대적 기준이 되는 나라이다. 따라서 종족 정치라고 할 수도 있으며 말레이시아를 볼 때 이 관점이 가장 중요한 기준이 된다. 또 한 가지 특징은 이 세 개의 종족 집단 중 토착 말레이인이 특별한 경제적·사회적 권리를 인정받고 있다는 점이다. 이것이 '부미푸트라(Bumiputra)*정책'이라 불리는 것으로 말레이시아의 특수 요소이기도 하다. 말레이시아의 정치경제를 생각할 경우에는 이 관점도 매우 중요하다.

흥미로운 것은 종족 정치와 독특한 부미푸트라 정책을 주축으로 하는 말레이시아에서도 1970년대 이후 특히 1980대에 이르면서 마하티르 총리의 영도하에 한국·대만·인도네시아처럼 개발주의 국가가 형성되어 경제 성장의 길을 밟아 왔다는 사실이다. 개발과 성장이 말레이시아 사회에 구조적 문제를 초래하여 그것이 정치 체제로 역류되는 현상이 나타난 것도 비슷하다. 그렇지만 사회의 복합성과 종족 정치를 원리로 하는 말레이시아는 아시아 경제 위기에 대한 대응과 민주화에서 다른 나라들과는 약간 다른 정치 경제적 경로를 밟았다. 말레이시아의 독특한 길이란 어떤 것인가? 그것을 살펴보고자 한다.

----

* **부미푸트라(Bumiputra)** _ 말레이어로 '토지의 아들'을 의미하며 토착 말레이인을 가리킨다.

1_부미푸트라 체제와 마하티르의 개발 정치

복합 사회의 정치 체제

먼저 말레이시아 정치의 기본 구조와 특징을 좀더 상세히 설명해 두기로 한다. 말레이시아 사회가 말레이인(63%), 화교(27%), 인도인(8%)으로 이루어져 있음은 이미 언급했지만 실은 주요 정당도 각 종족을 단위로 해서 조직되어 있다. 즉 말레이인은 통일말레이인 국민조직(UMNO), 화교는 말레이시아 화인협회(MCA), 인도인은 말레이시아 인도인회의(MIC)를 결성하고 있고, 말레이인은 예외 없이 말레이인 정당에, 화교는 화교 정당에 투표한다. 말레이인 정

당은 말레이인 집단의 이익을, 화교 정당은 화교 집단의 이익을 제
일 우선으로 생각하는 것, 그것이 종족 정치의 행동 양식이다.

그렇다고 말레이시아에서 항상 종족간에 쟁투가 벌어져 정치 체
제가 불안정한 것은 아니다. 확실히 각 종족을 대표하는 정당 사이
에 심한 대결이 종종 일어나지만 동시에 정치를 안정화시키는 '지
혜'도 작용하고 있기 때문이다. 독립 당시 지식인들 사이에서, 종
족에 의해 분열되어 있는 사회가 정치 안정을 확보하려면 서로가
협조하는 길밖에 없다는 인식을 공유하여 1957년 독립 이후 일관

표 1 : 말레이시아 종족정치 구도

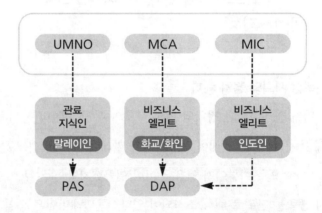

UMNO : 통일말레이인 국민조직
MCA : 말레이시아 화인협회
MIC : 말레이시아 인도인회의
PAS : 이슬람당
DAP : 민주행동당

출처 : 岩崎育夫외 편저, 〈아시아정치독본〉,
도쿄 : 동양경제신문사, 1998.

된 세 개의 주요 종족 정당에 의한 '연립 정부'가 계속되어 오고 있다. 정치학 전문 용어로 '다극공존형 정치 체제'라 불리는 이 체제를 만들어 낸 사람은 말레이시아 독립의 아버지로 '종족 융화 정책'을 내세웠던 왕족 출신의 라만 초대 총리였다.

정치 분야에서는 이처럼 세 개의 종족이 협조하는 체제가 형성되었다. 그러나 경제 분야에서는 토착의 말레이인들이 가난한 반면에 이민해 온 중국인과 인도인은 부유하여 경제 격차가 존재하고 있고, 사회 분야에서도 종교와 민족 문화의 차이에서 생기는 말레이인과 화교간의 알력이 그치지 않는다. 이러한 사회 토양을 기반으로 현대 말레이시아 정치에 있어서 분수령이 된 대사건이 1969년에 발생하였다. 1969년 5월의 총선거에서 말레이인 정당이 국회 의석을 대폭 잃은 데 비해, 전 의회에서 겨우 1석을 차지했던 연립 정부에 비판적인 화교 야당 정당(민주행동당)이 13석으로 대약진하자 그 동안 쌓여 온 말레이인과 화교 사이의 대립 의식이 폭발하였다. 5월 13일에는 말레이인과 화교의 시위대가 충돌하여 196명이 죽는 대참사가 발생하였다. 라만 총리는 사건의 책임을 지고 사임했지만 그것은 종족 융화 정책의 실패를 의미하는 것이었다.

사건 후인 1969년부터 1971년간의 2년간, 정부는 비상 사태를 선언하여 헌법과 국회를 정지시켰다. 그 2년간은 말레이시아 국가 체제의 원리적 재편성을 위한 검토 기간이기도 하였다. 그리하여 새

말레이인의 모습

롭게 나타난 것이 '부미푸트라 체제'이다. 부미푸트라란 토지의 아들, 즉 말레이인을 칭하는 말로 정치 영역에서는 말레이어가 국어, 이슬람교가 국교, 이슬람 지도자 술탄의 특별 지위에 대한 국민 사이에서의 논란 금지 등의 제도를 골격으로 한 것이다. 보다 더 중요한 것은 경제 사회 영역의 조치였다. 정부는 화교에 비해 경제적·사회적 지위가 낮은 말레이인의 지위 향상을 위해, 종족간의 향후 자본 소유 비율을 말레이인 30%, 화교 40%, 외국 자본 30%로 하는 가이드 라인 설정, 대기업 고용에서 말레이인의 최저 한도 설정, 말레이인 기업가 육성 정책 등의 우대 조치를 제정하였다.

이러한 내용을 갖춘 부미푸트라 정책은 명백한 말레이인 우대, 화교와 인도인 억압책이었다. 그럼에도 불구하고 국민을 차별하는 정책이 정당화된 이유는 무엇보다 토착 말레이인의 소득이 낮다는 것에서 찾아야 할 것이다. 식민지 시대에는 말레이인은 전통적 농업 부문, 화교와 인도인은 근대 자본주의 부문에 종사하였는데 그 후 특히 말레이인과 화교 사이의 소득 격차가 심화되었다. 정부는 이 격차를 단순히 말레이인의 노력 부족이 아니라 역사적으로 구조화된 것이라 보고 그것을 시정하기 위해 국가의 힘이 필요하다고 주장하였다. 물론 화교는 이 정책에 불만을 가지고 있었지만 인구의 60%를 차지하는 말레이인이 최종적 정치 결정권을 갖고 있기 때문에 수용할 수밖에 없었다.

마하티르 개발주의 국가의 확립

이 말레이시아 특유의 국가 원리 위에 강력한 개발주의 국가를 완성시킨 것이 1981년 7월 16일, 제4대 총리에 취임한 마하티르(Mahathir bin Mohamad)이다. 마하티르는 취임 후 중앙 정부의 권력 강화, 야당 등 정부 반대파 세력의 억압·관리를 강권적으로 추진해 가는데, 그것이 어떤 것이었는가 그 주요 사건들만을 간단히 언급하기로 한다.

1983년, 마하티르 총리는 헌법 개정에 착수하였다. 그것은 비상사태 선언을 국왕에게 권고하는 권한을 총리에게 부여하여, 지금까지는 국왕이 의회가 가결한 법안의 거부권을 가지고 있었으나, 이제는 국왕의 찬반에 관계없이 국왕에게 제출한 후 법안을 15일 후에 성립시킨다는 것, 주의회에서 술탄[州王]의 권한을 제한하는 것을 내용으로 한다. 이것은 정치·행정 권한이 전통적 지배자인 국왕으로부터 총리에게로 옮겨가도록 하는 말하자면 근대화를 노린 조치였다고 할 수 있다. 이 안에 대해 당연히 국왕과 술탄이 맹

렬히 반대하여 일부 수정이 이루어졌으나 기본적으로는 마하티르 총리의 개혁이 관철되었다. 이에 추가하여 지방에 대한 중앙의 통제도 추진되었다. 말레이시아는 말레이 반도와, 남중국해를 사이에 둔 보루네오 지역 북부에 위치하는 사바·사라와크 주의 동말레이시아 지역으로 구성되어 있는데, 후자는 중앙 정부의 통제가 미치지 못하여 자립성이 높았다. 그래서 마하티르 총리는 근대 국가 체제의 확립을 구가하면서 이 지역에 말레이인 지배 정당인 UMNO(통일말레이인 국민조직) 지부를 창설하는 등 중앙 정부의 정치 지배를 강화하였다. 그리고 이러한 일련의 중앙 집권화와 총리에게 권한을 집중시키는 정책에 반대한 여당 내 비판파, 야당 정치가, 언론 관계자, 지식인을 1986년에 국내치안유지법 위반 혐의로 체포하거나 투옥하였다.

이와 같이 하여 마하티르 개발주의 국가가 확립되었다. 이런 일련의 조치는 처음에는 개발을 위한 것이라기보다는 말레이시아 국가의 근대화를 구실로 한 것이었으나 결과적으로는 개발주의 국가로 연결되기에 이르렀다. 지금까지 살펴본 국가들은 이미 1960년대에 개발주의 국가가 성립되었으나, 말레이시아에서는 1980년대에 들어서야 뒤늦게 개발주의 국가가 성립되었는데, 그 이유는 이미 지적한 대로 복합 사회이기 때문이었다. 어떤 특정의 민족 집단에게 권력이 집중되는 체제는 당연히 타민족 집단의 반발을 사게 되어 있으며 국가가 와해될 위험성마저 지니고 있다. 물론 권위주의 체제의 성격은 이미 1971년 이후 라자크 총리(1970~1976), 후세인 총리(1976~1981)에 의해 서서히 진행되어 오다가 마하티르의 등장으로 급속하게 이루어졌다. 흥미로운 것은 말레이시아 개발주의 국가에는 고유의 특수 요소가 그림자처럼 드리워져 있다는 점이다. 우선 1970년대에 부미푸트라 체제가 먼저 구축된 후 그 위에 개발주의 국가가 얹혀져, 이 2중 구조가 아시아 경제 위기에서 독특한 정치적 움직임을 취하게 한 요소의 하나가 되었다. 또한 개발과 성장을 체제의 정통성으로 삼으며 GNP 등의 양적 확대를 지향하였는데 이 점은 다른 개발주의 국가와 동일하다. 그러나 누구를 위한 개발인가를 생각해 볼 때 국민 전체라기보다는 토착 말레이인과 말레이인의 경제 사회적 생활 향상을 위해 국가 주도의 개발이 추진되어 온 면이 강하게 나타나고 있다.

성장의 길

그러면 말레이시아의 개발은 어떤 것이었는가? 여기서는 간단하게 특징만 살펴보기로 한다. 동남아시아 국가 중에서 말레이시아 경제는 식민지 시대부터 고무와 주석 등의 개발이 활발하게 추진되어 일차 산업 제품이 풍부하다는 것을 특징으로 한다. 처음에 경제 개발은 이 일차 산업 제품의 다양화에 중점을 두었으나, 1970년대에 이르면서 수출 지향적 공업화로 전환되었다. 공업화 과정을 상세히 살펴보는 것은 생략하기로 하고, 1980년대에 들어서자 고무, 주석, 석유, 팜유 등 일차 산업 제품 수출국에서 반도체, 전자 부품 등 공업 제품 수출국으로, 즉 농업국에서 공업국으로 전환하는 데 성공하였다는 점에 주목하기로 한다. 공업화 전략의 중점을 일차 자원 개발에서 수출 지향으로 전환한 이유는 자원 의존형으로는 높은 성장을 기대할 수 없다는 점과, 인구가 아직 2,000만으로 비교적 적은 편이기 때문에 국내 시장을 전제로 한 수입 대체형을 취하기 어렵다는 점 때문이었다. 성장의 중심이 된 외향적 공업화 전략하에서, 1970년대는 저렴한 국민 노동력을 활용하여 전자·전기 및 섬유 산업이, 1980년대에는 자동차, 오토바이·엔진, 시멘트, LNG(액화 천연가스) 등 중화학 산업이 개발의 중심이었다. 그러나 당시 현지 기업 중에는 산업 개발에 필요한 기술과 자본을 가진 기업이 거의 전무하다시피 했기 때문에 국영 기업과 외국 기업이 중심이 되어 개발이 추진되었다. 이것은 다음 장에서 살펴볼 싱가포르와 거의 비슷한 국가 주도형과 외자 의존형의 조합으로 이루어진 개발 전략으로서 말레이시아 성장의 메커니즘이자 발전의 중핵이 되었다.

여기까지는 다른 개발주의 국가들과 동일하지만 정부가 의도적으로 아시아 자본(특히 일본 자본)을 개발 주체로 삼고자 생각하였다는 점에서는 차이가 있다. 일본과 한국을 개발 모델로 한 이 전략은 '룩 이스트(Look East) 정책'이라 하여, 정부는 많은 말레이시아 학생과 노동자를 일본과 한국에 파견하였다. 물론 말레이시아의 경제 성장에는 구미 자본도 중요한 역할을 수행하였다. 그러나 정부는 의도적으로 아시아를 강조하려 했으며 이 스타일은 1990년대에 등장하는 마하티르 총리의 '아시아형 민주주의론'과 미국을 배제하고 아시아만의 지역 경제 블럭을 구축하려던 '동아시아경제협력체(EAEC)'와도 연결되는 것이다.

2_ 변화하는 사회

경제 발전과 시민 사회의 맹아

경제 개발에 의해 말레이시아 사회는 어떻게 변화하였는가? 우선 거대 지표를 살펴보자. 1인당 국민소득(GDP)은 1970년의 382달러에서 1996년에는 4,690달러로 증가하였다. 국민의 세대당 소득도 1970년의 264링깃에서 1990년에는 1,163링깃으로 4.4배나 늘었다. 수출 제품의 경우 1970년에는 석유 제품, 식품, 목제품 등이 상위 3품목으로 55%를 차지하였으나, 1990년에는 전자·전기가 수위를 차지하여 그것만으로 66%를 넘었다. 이 숫자에서 말레이시아가 공업 제품 수출국이 된 것을 알 수 있다. 개발에 의해 말레이시아는 농업 사회에서 산업 사회로 변화하게 되었고 통계 수치를 통해 국민의 고학력화도 진전되었음을 알 수 있다.

그렇다면 경제 성장이 사회의 계층 구조에 어떤 변화를 가져왔는지, 먼저 산업별 취업자 분포의 변화를 확인해 보기로 하자. 개발 전의 말레이시아는 전형적인 농업 사회로서 농업 종사자(농민)의 비율이 1970년에는 48.8%였는데 1995년에는 21.0%로 떨어졌다. 이와 대조적으로 제조업 노동자는 12.8%에서 32.2%로 늘어났다. 농업 사회에서 상공업 사회로의 변화를 여기서도 확인할 수 있다. 그렇다면 중간층은 어떠한가? 중간층을 '전문 · 기술직'과 '행정 · 관리직'으로 본다면 그 비율은 1970년의 5.4%에서 1995년에는 13.0%로 늘어나고 있다. 여기에 사무직과 판매직을 추가한다면 그 비율은 1970년의 21.7%에서 1995년에는 34.4%에 이른다. 개발에 의해 말레이시아 사회에 노동자와 중간층이 현저하게 늘어나게 된 것이다.

여기서의 관심은 이러한 말레이시아 사회 계층의 변화가 정치 사회에 어떤 영향을 미치고 정치 체제에 어떻게 반영되었는가 하는 것이다. 그것을 알아보기 위해서는 먼저 한 가지 변화를 확인해 둘 필요가 있다. 이미 지적했듯이 말레이시아 정치는 종족을 원리로 움직이는데 경제 성장에 따른 사회 변화와 도시화가 종족 정치의 틀로는 파악하기 어려운 문제를 야기하게 되면서 새로운 운동이 등장하기에 이르렀다. 그 중 한 가지가 NGO로서 1990년대 말의 자료에 의하면 당시 말레이시아에는 183개의 NGO가 존재하였다. NGO는 시민 사회 단체에 속하지만 시민 사회에 대한 국가의 관리가 심했기 때문에 활동이 제한되어 주로 두 가지의 특수한 성격을 가졌다. 하나는 환경, 소비자 보호 등 비정치 영역에서 활동할 수밖에 없었다는 것과, 또 하나는 NGO라고 하지만 종족 정치의 색채가 강하여 종족을 기초로 한 것이 적지 않다는 점이다. 첫번째 유형을 대표하는 것으로 말레이시아 각지의 소비자 단체를 총망라한 '말레이시아 소비자협회'와 환경 보호를 추진하는 '말레이시아 지구의 친구'가 있다. 두번째 유형으로는 종족별로 만들어진 상호 부조 단체나 자선 단체로서 전체 NGO에서 차지하는 비율이 크다. 눈길을 끄는 것은 수는 적지만 종족 분열을 뛰어넘어 종족 융화를 향한 사회 개혁을 목표로 하는 운동이 나타나고 있다는 사실이다. 그 선구자라고 할 수 있는 것이 1977년에 지식인을 중심으로 페낭에서 창설된 '아리랑(국가의식각성동맹)'이다.

요컨대 철저한 개발주의 국가하에서 한정적이나마 국민이 자발적·자율적으로 만든 시민 사회 단체가 등장해서 다른 나라와 동일하게 시민 사회의 영역이 확대되어 간 것이다. 그러나 거듭 지적해 두고자 하는 것은 말레이시아 정치 사회에는 종족이라는 심각

한 제약이 있고, 일반 국민은 물론 비교적 높은 교육을 받은 중간
층이라 해도 이 제약에서 완전히 자유로울 수는 없다는 점이다.
NGO 역시 종족을 전제로 받아들이고 그 틀을 조건으로 하여 활동
하는 것이 적지 않다. NGO 참가자의 다수가 중간층이라는 점은 다
른 나라와 비슷하지만 화교나 인도인이 많고 말레이인은 극히 소
수라고 한다. 화교와 인도인이 많은 이유는 부미푸트라 정책하에
서 말레이인에 대한 국가의 경제 사회적 자원 배분이나 보호가 두
터운 반면에 화교와 인도인은 배제되어 그것을 보완하기 위해
NGO에 참여하고 있기 때문이다.

말레이인 사회의 두 가지 변화

개발이 심화되면서 지배 집단인 말레이인 사회 내부에도 두 가
지 주목할 만한 변화가 일어났다. 하나는 '신세대 말레이인(Maleya
Baru)'이라 불리는 엘리트의 대두이다. 부미푸트라 정책을 실시한
정부의 의도는 말레이인에게 교육 기회, 취업 기회, 경제 기회를
우선적으로 줌으로써 말레이인 전체를 밑바닥에서 끌어올리려는
데 있었다. 그러나 현실적으로 결과는 반드시 그렇게만 나타난 것
은 아니다. 정부의 특전인 교육 기회와 경제 기회가 일부 말레이인
에게만 집중되었기 때문에 실제로는 대학 교육을 받고 정부의 고
관, 정부계 기업의 경영자, 전문가로 취업한 소득이 높은 소수 말

레이인 집단의 등장을 촉진시키는 결과가 되었다. 부미푸트라 정책의 혜택을 받은 젊은 말레이인 엘리트들이 중간층을 구성하게 된 것이다. 요컨대 개발주의 국가와 부미푸트라 정책의 결합은 말레이인 내부에 소득 격차와 사회 계층을 확대시키는 결과를 가져왔고 신세대 말레이인이라는 중간층을 탄생시킨 것이다.

또 하나는 이 현상의 뒷면이라 할 수 있는 것으로 이슬람 원리주의 운동의 침투와 확대 현상이다. 말레이시아에서 말레이인은 거의 예외 없이 이슬람교도라고 해도 좋으나 신세대 말레이인은 도시 지역 주민들이다. 이와 대조적으로 전통적으로 말레이인의 과반수는 농촌에 살고 있으므로 1980년 이후 도시의 일부 지식인을 포함한 집단이 말레이인 사이에 형성된 것은 이슬람으로서는 좋은 일이었다. 젊은 말레이 지식인 사이에서 이슬람화 움직임은 이미 1970년에 말라야 대학 졸업생을 중심으로 결성된 말레이시아·이슬람청년동맹(전 안와르 부총리가 그 지도자였다)에 나타나기 시작하였으며, 1980년대 초에 폭발적으로 나타난 이슬람 원리주의 '다와(아라비아어로 전도라는 뜻)' 운동에서 그 맹아를 찾을 수 있다. 현재의 이슬람화 움직임은 중동의 이슬람 부흥 운동으로부터 강한 영향을 받고 있다. 인도네시아에서는 이 운동이 이슬람지식인협회의 결성을 촉진했으며, 말레이시아에서도 1968년에 창설되어 이슬람의 가르침에 충실하려는 단체의 운동이 이슬람 부흥 운동 속에 중간층을 끌어들이는 데 힘써 왔다. 정부는 1995년에 이 단체를 불법화하고 탄압하였다. 그렇다 해도 말레이시아 전체에서 지식인뿐 아니라 일반 말레이인 사이에서도 이슬람화가 강화되고 있어 1999년 총선거에서는 그것이 눈에 띄게 나타났다.

말레이시아는 개발주의 국가하에서 성장을 이룩하여 농업 사회에서 공업 사회로 전환하였다. 이 경제 변화는 사회 변화를 촉진시켜, 한편으로는 NGO 등 시민 사회 운동이 대두하게 되었고, 다른 한편으로는 지배 집단인 말레이인 사회의 분열과 젊은 말레이 지식인 및 말레이 사회 전체의 이슬람화가 이루어졌다. 이러한 사회 변동이 이루어지는 와중에 아시아 경제 위기가 발생하였다.

3_경제 위기로 흔들리는 개발주의 국가

아시아 경제 위기에 대한 정부의 대응

아시아 경제 위기는 개발의 우등생 말레이시아에도 파급되었다. 다만 태국과는 달리, 말레이시아는 유입된 외국 자본이 단기 자본이 아니었고 자회사 설립 자금 등 장기적인 직접 투자가 전체의 반 이상을 차지하고 있었다. 그럼에도 불구하고 링깃(말레이시아 화폐)의 대미 달러 환율은 1997년 한 해 만에 약 50% 하락하였고 주식

가치도 거의 비슷한 정도로 하락하였다. 그 때문에 정부는 국제 수지의 악화로, 민간 기업은 자금 변제와 조달 문제로 고통을 겪게 되었다. 그러나 정부는 IMF에 의존하지 않고 자력으로 경제를 재건하는 길을 택하였다. 1998년 9월 1일, 미화 1달러에 3.80링깃의 고정 환율제로의 변경과 단기 자금 이동 규제 등의 조치가 발표되었다. 이것은 국제 자본 이동을 제한하여 국가 관리와 규제책에 의해 경제 위기를 극복하겠다는 의도로서, 이 발상은 개발주의 국가의 시장관 그 자체였다. 세계의 글로벌화와 금융 자유화의 흐름에 역행하는 말레이시아 정부의 시장 규제책은 국제적으로 혹독한 비판을 받았다. 그러나 아이러니컬하게도 이 정책에 의해 국제 수지가 대폭 개선되었고 성장률(GDP) 역시 1998년의 마이너스 7.4%에서 1999년에는 5.8%로 회복되었으며 2000년에는 7.5%로 성장을 내다볼 수 있게 되었다.

이처럼 말레이시아의 대응은 같은 경제 위기의 직격탄을 맞았던 한국이나 인도네시아와는 차이가 있었다는 점이 흥미롭다. 엄격히 말하자면 위기 발생 당시에는 안와르 부총리 주도하에 IMF형의 개혁을 실시하였으나, 그것이 잘되지 않자 마하티르 총리가 주장하는 국가 주도형 개혁으로 변경하였던 것이다. 앞으로 설명하겠지만 두 사람의 정책적 입장의 차이가 부총리 해임의 한 요인이 되는데, 그것을 논의하기 전에 왜 말레이시아는 IMF에 경제 재건 지원

을 요청하지 않았는가 하는 의문에 대답
해 둘 필요가 있다. 통화 위기 중에 마하
티르 총리가 아시아 경제 위기의 원인은
미국의 조지 소로스 같은 국제 투자가들
이 제멋대로 머니 게임을 하기 때문이라
는 논리를 펴 선진 자본의 행동을 비난했
던 것은 잘 알려진 사실이다. 마하티르 총

마하티르

리는 세계은행과 IMF 등 선진국 주도의
세계 경제 체제에 불만을 갖고 있었다. 이렇게 보면 한 지도자의
선진국에 대한 반감이 자력 갱생의 길로 향하도록 하였다고 생각
될 수 있으나 사실 그렇지는 않다. 오히려 진정한 이유는 말레이시
아의 국가 원리에 연계되어 있다. 말레이시아 연구자들 사이에서
는 IMF에 융자 요청을 하지 않는 것은, 그렇게 했을 경우 말레이인
을 우대하는 부미푸트라 정책의 시정을 조건으로 내세울 것이 틀
림없으므로 정부가 이 점을 우려하였다는 견해가 지배적이다. 즉
국가 원리인 부미푸트라 정책에 대한 개입을 원치 않았던 것이
IMF 지원 요청을 기피하게 된 최대의 이유였다는 것이다

안와르 부총리 해임 사건
　여하튼 경제 위기에 대한 정책 대응에서 말레이시아는 결과적으

로 바라는 대로 얻은 것이 많았다. 그러나 그 과정에서 국가 지도자의 내부 균열이 노출되어 개발주의 국가가 흔들리게 되었다. 경제 위기 극복을 향한 단호한 정책을 발표한 다음날인 1998년 9월 2일, 마하티르 총리는 '비도덕적 행위'를 이유로 안와르 부총리를 해임하여 국내외를 놀라게 하였다. 부총리는 곧바로 자신의 해임 이유는 총리의 모함이라고 반론을 제기하였다. 그러나 실제 이유는 자력 경제 재건을 생각한 마하티르 총리와 IMF형 경제 재건을 생각하던 부총리의 정책 노선을 둘러싼 의견 대립에 있었다. 그러나 그것 이외에 정치적 요소도 얽혀 있었다는 점은 지적해 둘 필요가 있다. 그것은 이 책의 테마이기도 한 개발주의 국가를 둘러싼 대립이기도 하다. 1925년 출생인 마하티르 총리는 강력한 근대주의자이지만 정치 스타일에는 권위주의적 요소가 매우 강하다. 이에 비해 1947년 출생인 안와르 부총리의 정치 스타일은 유연한 합리주의에 기반을 두고 있다. 젊었을 때는 이슬람 학생 운동의 지도자였으나, 경제 운영에 IMF형 경제 정책을 도입하려고 했던 것에서 볼 수 있듯이 그는 현대 세계의 정치 조류가 어떤 것인가를 읽는 유연성을 지니고 있었다. 이것은 조지 소로스 비난, 국제 자본주의 비판, 미국 비판을 전개하는 마하티르 총리의 배타적인 '아시아 민족주의'와는 선명한 대조를 이룬다. 이처럼 두 지도자의 정치 스타일이 대조적인 데다가 1990년대 중반에 이르러 말레이인 지도층 내부에서 세대 교체를 둘러싼 투쟁이 표면화되기 시작하였다. 안와르 부총리를 지지하는 집단은 마하티르 총리를 시대에 뒤떨어진 구세대 정치가라고 비난하며 세대 교체를 요구하였고, 1998년 UMNO 청년부 총회에서 총리의 가족 기업들을 공격하며 '연고주의(cronism)'라는 비판을 가하였다. 이처럼 두 국가 지도자의 대립은 경제 위기를 둘러싼 정책 노선과 통치를 둘러싼 세대 교체 갈등, 즉 정치적 권력 투쟁이었다는 것을 알 수 있다.

  이것을 이 책의 초점에 맞추어 본다면 다음과 같이 말할 수 있다. 마하티르 총리는 전형적인 개발주의 국가형의 정치가인데 비해 안와르 부총리는 시민 사회형이라고 할 수는 없지만 여하튼 이에 가까운 형의 정치가라고 할 수 있다. 두 사람의 대립은 현대 아시아 국가의 원리를 둘러싼 두 가지 이념형의 상극으로서 안와르 부총리는 내부에서 개발주의 국가를 '변혁'해 보려 하였다고 할 수 있다. 지금까지 살펴본 세 국가에서는 개발주의 국가를 둘러싼 공방이 국가 대 시민 사회의 형태를 취했던 데 비해 말레이시아에서는 국가 지도자 내부에서 일어났다는 점에서 차이가 있다. 안와르 부총리 해임 후인 9월 20일, 그의 지지자 수만 명이 수도 콸라룸푸르에서 항의 집회를 열어 총리의 해임을 요구하는 등 여당 내의 분열은 누가 보아도 명백하였다. 그 결과 안와르 부총리가 15년형을 선고받아 정치 무대에서 제거되었고, 마하티르 개발주의 국가가 '승리' 하였지만, 장기적으로 어떻게 될지는 미지수이다.

말레이인 사회의 분열

그렇다면 국가 지도자의 균열이 일어나는 속에서 사회는 어떻게 움직이고 있었는가? 1999년 11월 29일에 실시된 총선거를 보면 사회의 반응을 잘 알 수 있다. 선거의 초점은 경제 위기 이후의 일련의 정치 경제 과정을 국민이 어떻게 판단하는가에 있었다. 선거 전에 여당 연합의 국민전선(UMNO, MCA, MIC)에 대항해서, 말레이인 정당인 전말레이시아 이슬람당(PAS), 화교 정당인 민주행동당, 그리고 안와르의 부인인 완 아지자가 결성한 국민정의당 등 4개 정당이 연합하여 대체 전선을 결성하였다. 이것은 여야당이 다같이 종족을 넘어선 정당 연합을 국민에게 제시한 것으로서, 공식적으로 말하면 종족 대신에 정책을 축으로 한 선택으로 변화하고 있음을 의미한다.

선거 결과는 이전과 거의 비슷하게 여당 연합이 148석, 야당 연합이 45석을 차지하여 달라진 것은 없었다. 마하티르의 개발주의 국가 자체는 흔들리지 않았다고 할 수 있으나 선거 결과를 좀더 자세히 검토해 보면 말레이시아 정치의 지각 변동의 전조라 할 두 가지 새로운 조류를 명확하게 읽을 수 있다. 하나는 말레이인 표가 여당인 UMNO에서 야당인 PAS(이슬람당)쪽으로 크게 움직여 가고

표2 : 말레이시아 총선거[1](1955~1999)

당이름/연도	1955	1959	1964	1969	1974	1978	1982	1986	1990	1995	1999
국민전선(NF)					104	94	103	112	99		
연합당 (종족정당연합)	51	74	89	67	85	90	98	106	94		
통일말레이인 국민조직(UMNO)	34	52	59	51	62	70	70	83	70	89	72
말레이시아 화인 협회(MICA)	15	19	27	14	19	17	24	17	18	30	28
말레이시아 인도인회의(MIA)	2	3	3	2	4	3	4	6	6	7	7
인민진보당		4	2	4	1						
Gerakan (GerakanRakyatMalaysia)					8	5	4	5	5	1	7
										합:148[2]	
이슬람당 (PAS)	1	13	9	12	13	5	5	1	7	7	27
민주행동당 (DAP)		1		13	9	15	6	19	18	9	10
사회주의 전선 (SF)		8	2								
46년 정신당									8	6	7
무소속									4		
										합:45[3]	
계	52	104	104	104	114	114	114	133	136	192	193

주 : 1) 1955~1990년은 서말레이시아 지역, 1995년은 말레이시아 전국
　　 2) 기타 34를 합하여 148석임
　　 3) 1999년 야권연합(Keadilan) 5, PBS 3을 더하여 45석임
*출처 : 표 1과 동일

있다는 점이다. UMNO의 의석이 89석에서 72석으로 감소된 데 비
해 PAS는 7석에서 27석으로 20석이나 늘어났다. 말레이인 정당의

여야당에 한정하여 본다면 UMNO의 패배와 PAS의 승리가 명백하다. 그 한 가지 원인은 안와르 부총리 해임 소동에 대한 정부의 대응에 말레이인이 불신감을 갖게 되었다는 점이다. 다른 원인은 화교 야당 정당의 신장에 따른 효과이다. 단순하게 생각하면 화교 야당 정당은 정부 비판 표를 쉽게 모을 수 있을 것 같았으나, 그렇지 못했던 원인은 당이 이슬람 원리주의를 내세우는 PAS와 공동 투쟁을 전개하자 화교 지지자들이 불안감을 느껴 여당 연합에 투표하였기 때문이다. 화교는 이슬람 세력이 승리하여 말레이시아를 더욱 이슬람화하는 것을 두려워하여, 마하티르 정권이 부미푸트라 정책을 내세우는 강권 체제라고 하지만, 그 정책을 조금씩 수정해 가고 있는 만큼 세속주의를 내세우는 정부를 지지하는 입장을 취하고 있는 것이다. 이번 선거에서는 정치 선택의 축이 종족에서 정책으로 전환되는 증거가 보였다고 할 수도 있지만, 이 두 가지 움직임에도 불구하고 여전히 종족과 그것과 짝을 이루는 종교라는 요소가 국민의 투표 행동의 기준이었던 것이 현실이다.

국회의원 선거와 동시에 주의회 선거도 실시되었는데 그 결과를 보면 역시 여당 퇴조, 야당 승리가 비교적 선명하게 나타난다. 말레이시아는 반도와 보르네오 북부 지역으로 나뉘며 반도는 11주, 보르네오는 2주로 구성되어 있는데, 이번에는 반도에서만 주의회 선거가 실시되었다. 전통적으로 북동부의 켈란탄 주와 트렝가누

주는 말레이인 농민이 많은 말레이 주로서 이슬람을 내세우는 PAS
의 기반이기도 하다. 지난 선거에서 PAS는 켈란탄 주의회만을 장
악하였는데 이번에는 트렝가누 주에서도 정권을 획득하였다. 더구
나 그 두 개 주의회에서 43석 중 41석, 32석 중 28석을 차지하는 압
승을 거두었다. 지방에서 중앙 이상으로 말레이인 표가 UMNO에
서 PAS쪽으로 크게 이동한 선거 결과는 말레이시아 정치의 지각변
동을 시사해 주는 것이다.

한편 안와르 부총리 해임 이후, 마하티르 총리는 지도 체제의 재
건을 꾀하여 1999년 1월에 압둘라 외무장관을 부총리로 임명하고
경제 개혁을 다임 재무장관 겸 특무장관에게 위임하는 체제를 구
축하였다. 이것은 젊은 지도자를 배제한 '구세대 체제'라고 부를
수 있다. 또한 총선거에서 경제 위기에 대한 정치 경제 개혁이 지
지를 얻었다고 자평하며, 앞으로 5년간 계속 정권을 장악할 의향
을 표명하고 2000년 5월 당 대회에서는 압둘라 부총리를 부총재로
선출하였다. 부총재 취임은 사실상 후계 총리를 의미한다. 마하티
르 개발주의 국가는 상처를 입었으나 살아남을 의지를 표명한 셈
인데, 그렇다고 단순히 마하티르 총리의 시나리오대로 모든 것이
순조롭게 진행되리라고 예측할 수는 없다.

4_말레이시아 개발주의 국가는 어떻게 될 것인가?

개발주의 국가의 향방

인도네시아의 수하르토 정권 붕괴 후 아시아에서 최장기 정권이 된 마하티르 체제를 특징짓는 것은 개발주의 국가와 부미푸트라 원리 두 가지이다. 이 두 가지 원리는 앞으로 어떻게 될 것인가? 먼저 경제 위기시에 취해진 일련의 개혁 정책으로 부미푸트라 원리에 변경이 일어날 가능성이 있다. 말레이시아가 IMF에 원조 요청을 하지 않은 이유는 이미 설명한 대로이다. 그러나 실질적으로 정부는 'IMF 없는 IMF 정책'을 채택할 수밖에 없었고 스스로 부미푸트라 정책을 수정하는 입장을 취하지 않을 수 없었다. 그것을 뒷받침하는 예를 하나 들겠다. 1998년 1월, 정부는 경제 위기 탈출을 위해 국가경제행동평의회를 발족시켜 8월에 국가 경제 재건 계획을 발표하고 6대 목표를 밝혔다. 그 중 한정적이지만 특정 제조업에서는 100% 외국 자본을 인정(이것은 2000년 말까지로 한정되었다가 3년간 연장되었음)하였고, 주가 하락으로 재정난에 직면한 말레이인 기업이 소유 주식을 비말레이인(화교 자본과 외국 자본을 의미)에게 매각하는 자유를 인정하였다. 이것은 위기 극복을 위해서는, 여하튼 외국 자본과 화교 자본을 이용할 수밖에 없다는 것으로서

장기적으로 보면 부미푸트라 정책의 수정으로 연결될 가능성이 있음을 부인할 수 없다.

물론 경제와 기업에 이런 변화가 있다고 해서 국어로서의 말레이어나 술탄의 특별 지위 등 정치 사회 분야에서의 부미푸트라 원리가 수정되거나 변경될 것이라고는 생각할 수 없다. 가령, 말레이시아에서 비말레이인 총리의 탄생은 상상하기 어려운 일이며, 이와 마찬가지로 부미푸트라 정책이 완전히 철폐되리라고 생각하기도 어렵다. 다만 앞으로 더 많은 말레이인이 사회적 능력을 구비하게 되고 소득이 향상된다면 적어도 경제 영역에 있어서는 말레이인과 화교가 대등한 조건 아래 서로 경쟁하는 날이 오리라고 예측할 수 있다.

마하티르 체제를 특징짓는 또 하나의 원리인 개발주의 국가가 어떻게 될 것인가에 대해서는 불투명한 요소가 많다. 한국, 대만, 인도네시아에서는 개발주의 국가의 골격의 하나인 권위주의 체제(국민의 정치 억압 장치)가 차례로 철폐되었지만, 말레이시아에서는 야당과 시민 사회의 자유로운 활동을 규제하는 장치(예컨대 치안유지법)가 아직 남아 있고 정부도 그것들을 철폐할 기미를 전혀 보이지 않고 있다. 개발주의 국가의 또 하나의 골격인 국가 주도 경제 운영에 있어서도 다른 나라들은 조금씩 시장 중시 정책으로 전환을 추진하고 있는 데 반해, 경제 위기에서 보여 준 대로 말레이시

아에서는 아직도 국가 주도형이 작동하고 있
는 실정이다.

안와르

　여기서는 개발주의 국가의 행방에 대해서
두 가지 시나리오를 제시해 보기로 한다. 하
나는 위로부터의 개혁(민주화)이다. 마하티르
총리는 2004년에 총리의 자리를 후계자에게
양보하겠다고 공언했는데, 누가 후계자가 되든 통치 스타일은 마
하티르 총리 이상으로 권위주의적일 수는 없을 것으로 생각된다.
또 하나는 굳이 말하자면 안와르 전 부총리의 부활이다. 정치적으
로 배제되었다고는 하지만 안와르는 말레이시아 정치의 하나의 조
류인 자유주의를 대표하며, 이 흐름이 완전히 배제되었다고 볼 수
는 없다. 오히려 말레이시아에서 국제 사회로 눈을 돌린다면 그것
이 주류이다. 그렇기 때문에 가까운 장래에 국내의 조류가 변화하
여 안와르가 부활하는 것도 생각할 수 있다. 이 시나리오가 전혀 근
거가 없는 것은 아니다. 주변국인 인도네시아에서도 1996년에 수하
르토 대통령이 배제되고 인도네시아민주당(당시)의 메가와티가 부
통령에 취임하였다가 현재 대통령이 된 것을 상기해 보면 충분히
있을 수 있는 일이다.

　그렇다면 이런 변화와 시민 사회는 어떻게 연계되고 또 그 과제
는 무엇인가? 개발과 성장을 통해 말레이시아에서도 중간층이 대

두하였고 시민 사회의 영역이 확대된 것은 확실하며 그것은 지금까지 살펴본 세 나라와 동일한 현상이다. 그런데 문제는 시민 사회의 운동이 개발주의 국가 비판과 민주화 요구를 향한 것이 아니라, 말레이시아의 특수 요소인 종족 정치 속에 흡수되고 말 가능성이 있다는 것이다. 한국, 대만, 인도네시아의 개발주의 국가는 성장에 따르는 사회 변화의 결과로 중간층이 확대되었을 뿐 아니라 여기에 추가해서 야당, 학생, 노동자들의 세력도 부활하여 그것이 권위주의 체제 비판으로 연결되어 개발주의 국가의 민주화와 붕괴로 귀결되었던 것이다. 말레이시아에서도 성장에 따라 중간층이 대두하였고 부분적으로나마 NGO 활동도 활발해졌으나, 그것이 개발주의 국가 비판이나 민주화 운동으로 향하는 것이 아니라 말레이인 사회의 분열과 말레이인 대 화교의 새로운 불신감을 조성하여 종족 정치 속으로 흡수되고 있는 것이다. 말레이시아 개발주의 국가에서 동요가 일어났다고 한다면 그것은 소수의 국가 지도자간의 균열로만 나타나고 있을 뿐이다. 이것은 말레이시아에서 종족 정치가 얼마나 사회 깊숙이 파고들어가 있는가를 잘 보여 주는 것이다. 왜 국민의 정치에 대한 불만이 민주화가 아니라 종족 정치의 강화로 나타나게 되는가의 문제는 말레이시아에서만 나타나는 문제로서 좀더 상세히 살펴볼 필요가 있다.

종족 정치와 시민 사회

말레이시아 정치 사회의 기본 구조는 말레이인 대 화교의 대립에 있다. 사실 1957년의 독립 이후 두 집단은 한편으로는 협조하면서도 다른 한편으로는 치열하게 배타적인 경쟁을 벌여 왔다. 좋든 나쁘든 종족 정치를 축으로 해서 움직여 온 것이다. 그러나 1999년 총선거에서 볼 수 있듯이 말레이시아 정치의 쟁점으로 새롭게 이슬람이 대두하는 현상이 나타나는데, 여기서의 문제는 이슬람을 둘러싼 세속주의와 원리주의간의 대립이었다. 어느새 말레이인 대 화교라는 정치 쟁점의 중요성이 감소하고 말레이인과 이슬람(종교)이 그것을 대치하게 된 것이다. 그렇다고 해서 말레이시아 정치 사회에서 말레이인 대 화교의 대립축이 자연 소멸되었다든지 또는 중요성을 상실하였다고는 할 수 없다. 이 문제가 여전히 미해결 상태로 남아 있으면서 하나의 층을 구성하고 있는 상태에서, 그 위에 또 하나의 층으로서 말레이인(세속주의) 대 말레이인(원리주의)의 대립이 추가되어 더욱 복잡한 이중 구조가 되었다고 할 수 있다. 따라서 말레이인 사회의 정치 분열이 어떻게 될 것인가와 화교 사회가 장기적으로 정부 지지로 돌아설 것인가의 두 가지 문제는 말레이시아 정치의 향방과 밀접하게 연결되어 있다.

이러한 특수성을 지닌 말레이시아 시민 사회의 과제는 개발주의 국가의 민주화와 종족 정치의 융합이라는 두 가지 문제로 압축될 수 있다. 두번째 과제에 대해서 말하자면, 조금 역설적일지 모르지만 특유한 종족 정치의 사회일수록 시민 사회가 수행해야 할 과제가 매우 크다고 할 수 있다. 국가의 정치 엘리트는 자신의 정치 기반인 종족 사회를 바탕으로 하여 정치 지지의 획득이나 기득권 유지에 관심을 쏟는 만큼 앞으로도 계속 종족을 원리로 움직일 것이다. 그렇기 때문에 종족 사회를 극복하는 움직임은 시민 사회 속에서 구할 수밖에 없다. 그럴 경우, 시민 사회라고 해도 말레이인 농민이나 민족 문화 의식이 강한 일반 화교는 종족 정치를 무비판적으로 받아들이는 경향을 쉽게 청산할 수 없을 것이기 때문에, 사회의 전통적 가치관과 종족성으로부터 비교적 자유로울 수 있는 중간층이 그것을 시정하는 역할을 담당할 것을 기대할 수밖에 없다. 물론 말레이시아 정치 연구자들이 종종 지적하듯이 일부의 중간층은 종족 이익의 대변자 역할을 수행하고 있는 것이 현실이어서 중간층이라 해도 종족 정치의 멍에에서 결코 자유로울 수는 없다. 따라서 사회 영역에 있어서 종족과 종교의 존중과 정치 영역에 있어서 그것을 어떻게 식별해 나가는가 하는 것이 말레이시아 정치와 시민 사회에 던져진 과제이다.

말레이시아 연표

1403	Malacca 왕국성립
1511	포루투갈, Malacca 왕국 점령
1641	네덜란드, Malacca 왕국 점령
1824	영국, Malacca 지배권 영유
1824	영국의 보호령
1941	일본 점령
1946. 6	영국, Malayan Union 형성, 군정 실시(Malaya 11개주)
1948. 2	영국과의 협정에 따라 Malaya연방 형성(군사, 외교, 재정 3권은 영국 장악)
1948~1950	무장 공산당 준동
1955. 7	라만 총리 집권
1957. 8	영국으로부터 독립(Malaya연방, 싱가포르 자치령, 영국령 보르네오를 합해 Malaysia형성)
1963. 8	11개 주로 구성되는 영연방내 독립국으로 Malaya연방 발족
1965. 8	Malay인과 중국인간 인권불화 폭동 발생
1970. 9	라자크 총리 집권, 인종간 불평등 해소를 골자로 한 신정책 제창
1976. 6	라자크 총리 사망으로 부총리(Dato Hussein Binonn)가 총리직 승계
1977. 10	켈란탄 주지사 제명 사건으로 정치적 혼란 야기
1977. 12	야당 PMIP가 National Fronta에서 축출, 중앙 정부에서 켈란탄 주 직접 지배
1978. 7	총선에서 후세인 온 총리가 이끄는 국민전선 압승
1981. 7	후세인 온 총리 건강상 이유로 사임, 마하티르 4대 총리로 취임
1984. 5	UMNO 전당대회에서 마하티르 당수직 고수
1986. 8	조기 총선에서 마하티르 총리가 이끄는 국민전선 압승
1987. 10~11	중국인 대 말레이계의 충돌 사건

1988. 12	마하티르와의 의견 차이로 부총리직을 떠났던 Datuk Musa Hitam 및 그의 지지자들 UMNO의 결속을 동의하면서 그 조건을 구체화하는 6개항의 결의안 발표
1989. 10	라잘레이 전상공장관 중심의 마하티르 총리 반대파 야권연합 추진
1990. 12	총선에서 마하티르 총리가 이끄는 집권 여당(Barisan Nasional) 압승
1993. 11	집권당인 UMNO 전당대회에서 안와르 부총재 선출
1993. 12	안와르 부총리 취임, 재무장관 겸직
1994. 1	야당 집권 지역인 동부 말레이시아의 Sabah 주정부, 주의회 해산 및 60일 이내 선거 실시 전격 발표
1994. 2	Sabah주 선거에서 여권연합전선(BN: Barisan Nasional) 계열이 크게 진출, 23석 차지
1994. 3	선거 이후 PBS계열 의원의 대거 이탈 및 BN 참여(PBS 22석, BN 계열 32석)
1997. 7	동남아 외환위기, 마하티르 총리와 안와르 부총리간 갈등 심화
1998. 9	부총리 겸 재무장관인 안와르 해임 및 구속
1999. 1	Abdullah 외무장관을 부총리에 임명
1999. 4	안와르 전부총리의 부인이 국민정의당(Keadilan) 창당
1999. 4	안와르의 4가지 직권남용 혐의에 대한 1심 재판에서 6년 징역형 선고, 콸라룸푸르 시내에서 시위 발생
1999. 6	마하티르 총리, 새 행정 수도 푸트라자야에서 집무 개시
1999. 11	마하티르 총리 2000년 6월 임기 만료 예정인 의회 조기 해산
1999. 11	여권연합(BN) 총선에서 안정적인 권력 기반 조성
2000. 8	안와르 전부총리 유죄평결과 함께 징역 9년형 선고
2001. 4	한 · 말레이시아 정상회담
2001. 9	야당인 민주행동당(DAP), 이슬람말레이시아당(PAS)과의 연합전선 파기

싱가포르 | 개발주의 국가 유지를 위한 철저한 노력

▶ 교묘한 인민행동당 지배 체제
▶ 풍요로운 도시 사회의 출현
▶ 자유화의 움직임과 개발주의 국가의 보강
▶ 왜 개발주의 국가에 대한 비판이 나타나지 않는가?

싱가포르는 인구 320만의 '미니 국가'로서 말레이시아와 마찬가지로 화교, 말레이인, 인도인의 세 종족으로 구성된 복합 사회이자 화교가 77%를 차지하는 화교 사회이다. 싱가포르는 아시아에서 '정치 안정과 경제 성장'을 유지하고 있는 국가, 국민 관리가 매우 엄격한 국가로 유명하며, 정치 면에서는 1959년부터 인민행동당(PAP)의 일당 지배가 지속되고 있는 것이 특징이다. 대만에서와 마찬가지로 일당이 정치를 독점하는 형태가 싱가포르에서도 나타나, 말레이시아로부터 분리 독립한 1965년부터 1980년까지 인민행동당이 국회의 모든 의석을 독점하였으며 최근의 1997년 총선거에서도 득표율 65%로 83석 중 81석을 획득하였다. 싱가포르의 경제 개발은 전적으로 이러한 '정치 인프라' 위에서 추진되었으며 '외자 의존형', '국가 주도형'이라는 특징을 가졌다.

지금까지 개발주의 국가인 한국, 대만, 인도네시아, 말레이시아를 살펴보았는데, 싱가포르는 이 국가들과 비교하여 모델의 순수형에 가장 가깝다. 엄격하게 국민 관리를 행하는 정치 체제에 국가 주도형의 경제 정책과 운영이 더해졌으며, 이것이 고도 경제 성장의 요인이 되었다. 다른 개발주의 국가가 1980년대 후반에 '민주화 바람'을 받아들여 변화할 때에도 싱가포르의 정치 체제는 기본적으로 조금도 변화하지 않았다. 아시아에서 가장 높은 성장을 이루었고 중간층의 비율도 가장 높은 싱가포르에서 왜 개발주의 국가에 대한 비판이나 민주화 운동이 나타나지 않은 것일까? 이 장에서는 싱가포르 정치 경제 구조의 특징과 그것이 등장한 배경을 생각해 보고자 한다.

❺

1_교묘한 인민행동당 지배 체제

인민행동당의 일당 지배

싱가포르의 정치 체제와 구조를 말할 때 가장 중요한 키워드는 인민행동당이다. 즉, 인민행동당을 언급하는 것은 싱가포르의 정치 체제와 구조의 특징 자체를 설명하는 것과 같다. 인민행동당은 독립 후의 정권 획득을 목표로 하여 식민지 시대였던 1954년에 만들어진 정당으로서, 리콴유[李光耀]를 리더로 하여 화교이지만 중국어(베이징 표준어) 교육이 아닌, 영어 교육을 받은 지식인이 중심을 이루었다. 1955년의 선거에서 3명의 당선자를 낸 이후 급속하게 세력을 확대하였고, 1959년 총선거에서 51석 중 43석을 획득하자

리콴유가 총리로 취임하여 정권을 잡았다.

인민행동당의 형성 과정은 약간 복잡하다. 화교 사회인 싱가포르에서 인민행동당을 창당한 리콴유와 같이 영어 교육을 받은 집단은 사회의 소수파에 불과하였다. 다수파, 즉 중국어 교육을 받은 대중을 흡수한 것은 당시 동남 아시아 화교 사회에 강한 영향력을 가졌던 공산계 그룹으로, 학생 운동과 노동조합 운동이 이를 지지하였다. 리콴유 그룹은 총선거에서 승리하기 위해서는 화교 대중의 힘이 절대적으로 필요하다고 생각하고 영어 교육을 받은 그룹과 화교 대중의 지지를 받은 공산계 그룹의 '공조 조직' 으로 인민행동당을 만들었다. 두 그룹은 정치적 성향이 전혀 달랐지만 선거에서 승리하기 위해서는 서로 필요하다는 계산하에 공조하였다.

그러나 인민행동당이 정권을 잡으면 두 그룹이 권력 다툼을 벌이리라는 것은 자명한 일이었다. 실제로 1959년 총선거에서 승리한 이후 두 그룹의 대립이 시작되었고, 1961년에 공산계 그룹이 분열하여 '사회주의 전선' 을 결성하였다. 1960년대 전반, 사력을 다한 두 그룹간의 정쟁이 반복 확대되었으나 결국은 교묘한 전술을 구사한 인민행동당이 사회주의 전선을 무너뜨리는 데 성공하였다. 즉, 싱가포르의 정치를 인식하는 출발점은 화교 사회이지만, 정치 권력을 잡은 것은 영어 교육을 받은 소수파의 지식인층이었다.

이 장은 싱가포르 개발주의 국가를 고찰하는 것이 목적이지만,

인민행동당과 공산계 그룹의 정쟁을 상세하게 소개하고자 하는데 그 이유는 이것이 인민행동당 일당 지배 체제의 확립과 개발주의 국가의 성립으로 연결되기 때문이다. 싱가포르는 1963년에 영국의 식민지 지배로부터 벗어나 말레이시아의 일부가 되었으나 불과 2년 후인 1965년, 말레이인과 화교의 종족 대립이 주요 원인이 되어 독립 국가로 분리되었다. 이후 인민행동당은 '생존의 정치'를 슬로건으로 내걸고 일당 지배 체제의 확립과 경제 개발에 매진하였는데, 그 과정을 간단하게 살펴보자.

인민행동당은 1960년대 전반, 치안유지법 발동 등 탄압에 의해 최대의 대항 세력이었던 공산계 그룹의 지지 기반인 노동조합을 배제하였고, 동시에 정부 의존형의 노동조합을 창설하여 노동자를 관리하였다. 이후에는 반(反)정부 색채가 강한 학생 운동의 탄압과 관리, 언론 관리, 일부 야당의 탄압, 기업가의 정치 관리를 행하면서 일당 지배 체제를 확립하였다. 싱가포르에는 주요 정치 세력이 둘밖에 없었으므로 인민행동당의 최대 라이벌인 공산계 그룹을 억압, 배제하는 것은 인민행동당의 정치 독점과 직결되었다. 1970년대가 되면서 싱가포르의 정치 사회에는 야당뿐만 아니라 다른 국가에서 일반적으로 나타나는 압력 단체나 이익 단체(시민 사회)도 자취를 감추어 정치 무대에는 인민행동당만이 남게 되었다. 이것은 이미 살펴본 대만의 국민당 독재와 매우 유사하다.

또한 분리 독립 후에는 일당 지배 정치 체제에 새로운 국가 목표로서 개발이 부여되었다. 인민행동당은 결성 당시, 보다 공정하고 평등한 사회를 목표로 한 '민주 사회주의'를 슬로건으로 내걸었지만, 1965년 이후에는 이것이 경제 발전으로 대체되었다. 개발을 강조한 이유는 단순 명료하다. 말레이시아로부터 분리한 싱가포르는 도시 국가의 좁은 국토에 150만 명의 사람들이 밀집되어 있었으며, 정부는 이와 같은 사회가 살아 남으려면 경제 개발과 성장밖에 없다고 강력하게 주장하였다. 이것이 싱가포르 개발주의 국가의 형성이다.

성장의 메커니즘

인민행동당이 정치 독점이라는 정치 인프라를 기반으로 경제 개발을 추진해 온 것이 싱가포르 개발주의 국가의 형태이다. 여기서는 개발의 특징으로 세 가지를 들 수 있다.

첫째, 싱가포르의 개발에는 관료가 중요한 역할을 담당하였다. 이것은 정치 지배 체제와도 관련되어 있다. 정부는 고교 졸업생에 대한 국가 장학금 제도를 통하여 사회의 우수한 두뇌를 국가(관료)에 조달하는 구조를 창출하였다. 구미의 유명 대학에서 공부한 우수한 학생들이 중앙 정부 기관이나 준정부 기관, 정부 계열 기업에 직원으로 배치되어 싱가포르 경제 개발 일선에서의 실행 부대가

싱가포르

되었다. 이것이 정치 지배 체제와 연관되어 있다는 것은 이 엘리트 관료들이 인민행동당 지도자의 공급원이 되었기 때문이다.

둘째, 국가 주도형 개발이다. 싱가포르의 경제 개발은 싱가포르 섬 서부의 늪지대를 메운 주롱 공업단지 조성 등 산업 인프라의 정비로부터 시작하여 전략 산업의 선정, 노동자의 임금 관리, 외환 관리, 자금 규제 등 국가가 다양한 영역에 개입하여 성장에 적합한 환경을 창출하기 위해 노력하였다. 그뿐 아니라 보통 다른 국가에서는 민간 기업이 담당하는 조선, 석유 정제, 부동산, 금융, 해운, 해외 투자 등의 산업에 정부 계열 기업이 앞장서서 개발과 성장에 힘썼다는 것이 특징이다. 이것이 국가 주도형 개발의 형태이다.

셋째, 외자 의존형이다. 식민지 시대 싱가포르는 동남 아시아 지역에 퍼져 있는 화교 경제의 거점이었고, 금융과 일차 상품 비즈니스로 거대 자산을 축적한 화교 자본가가 많았다. 그러나 정부의 개발 전략은 조선, 석유 정제, 화학, 전자 · 전기 산업 등 화교 기업에게 전혀 경험이 없는 중화학 공업에 중점을 두었다. 이렇게 공업화를 시작한 1960년대(이미 서술한 바와 같이 인민행동당과 공산계 그룹이 사투를 벌일 때), 유력 화교 기업가들이 공산계 그룹의 편에 섰으므로 정부는 화교 자본을 제치고 일본이나 미국 등 선진국의 자본을 유치하였고, 이것을 기반으로 개발을 추진하였다. 이때 정부는 외국 자본을 유치하는 한편 노동자의 관리가 절대적인 전제 조건이라고 생각하여, 실질적으로 파업권을 빼앗는 식으로 노동조합법의 개정, 노동 시간의 연장, 연휴의 삭감 등을 포함한 고용법의 개정 등을 통해 엄격하게 노동자를 관리하였다. 싱가포르는 '국가 · 외국 자본 · 국민 노동자'라는 삼자간의 조합에 의한 개발 패턴에 따라 성장에 매진해 갔다.

2_풍요로운 도시 사회의 출현

국민 의식의 변화

인민행동당에 의한 개발주의 국가하에서 싱가포르는 눈부신 경제 성장을 이루었다. 1인당 국민소득(GDP)은 1970년의 916달러에서 1996년에는 3만 1,036달러로 현저하게 증가되었다. 현재는 구미 선진 국가들과 어깨를 나란히 하며 세계 상위 10개국 대열에 진입하기에 이르렀다. 물론 국민소득이 높은 것은 농촌이 없는 도시 국가라는 특수 요인이 작용했음을 감안해야 하지만, 거시적인 숫자로 알 수 있는 싱가포르 사회의 변화는 거리를 걸어 보면 명확하게 나타난다. 번화가인 오차드 가에는 국제적으로 유명한 명품점들이 즐비하고, 교외에는 정부가 건설한 10층, 20층짜리 고층 공공 주택이 늘어서 있다. 현재 국민의 90% 가까이가 이 공공 주택에 거주하므로 도시 국가 싱가포르에는 확실히 풍요로운 경제 생활이 이루어지고 있다고 말할 수 있다.

1인당 국민소득의 경이적인 향상, 다국적 기업의 진출은 풍요로운 사회를 도래하게 하였다. 이것에 의해서 국민이 어떻게 변화하였는가를 나타내는 한 예로 노동 의식의 변화를 들 수 있다. 작은 도시 국가는 만성적으로 노동력이 부족하여 노동 시장에서 국민이 자유롭게 직업을 선택할 수 있는 상황이었으므로 국민들 사이에서는 이른바 3D 업종을 꺼려 화이트칼라 지향이 강해졌다. 이것은 풍요로운 사회에 공통되는 세계적 현상이었으며, 따라서 사회 생활과 산업 활동에 필요한 3D 업종에는 총 노동자 수의 10%를 넘는 외국인 노동자가 종사하고 있다.

그러면 성장에 의해 중간층의 비율은 얼마나 증가하였을까? 중간층을 '전문 · 기술자', '경영 · 관리자'라고 하면, 그 비율은 1980

년의 18%에서 1995년에는 35.9%로 증가하였다. 만약 다른 국가처럼 '일반 사무직'과 '판매원'까지 합칠 경우 그 비율은 46.4%에서 61.6%로 더욱 증가한다. 1993년의 한 신문 조사에 의하면, 국민의 75%가 자신을 중간층에 속한다고 응답하고 있어 싱가포르는 중간층 사회라고 해도 무방하다. 물론 중간층의 비율이 높은 이유는 농촌(농민)이 없고, 블루칼라 노동을 외국인 노동자가 대체하고 있기 때문이다. 이 현상은 개발과 성장으로 한층 강화되었다.

개발주의 국가 시대에 나타난 또 한 가지 주목할 만한 사회 현상으로 젊은 세대의 대두를 들 수 있다. 독립 운동을 이끌고 현대 국가를 창출한 것은 리콴유 총리 등 전전(戰前)에 출생한 세대였으나, 1980년대가 되면서 전후에 태어난 젊은 세대가 다수를 차지하게 되었다. 그들은 비교적 높은 교육을 받은 영어 교육 세대로, 부모 세대와는 달리 '빈곤한 싱가포르'나 1960년대의 치열한 정치 투쟁에 대해 알지 못할 뿐 아니라 '풍요로운 싱가포르'에서 성장하여 풍요를 당연시하는 경향이 강하다는 특징을 가졌다. 또한 젊은 세대는 엄격한 정치 관리나 인민행동당의 일당 지배 체제의 필요성에 대해 의문을 제기하는 집단이라는 점에서 중요하다.

요컨대 개발과 성장으로 싱가포르는 중간층 사회가 되었고, 젊은 세대의 대두에 의해 개발주의 국가가 성립되었던 1960년대와는 전혀 다른 사회 구조가 나타났다. 여기서 관심은 이 사회 변화가 개발주의 국가에 어떻게 파급되어 가는가에 있다. 싱가포르에서도 이제까지 살펴본 국가들처럼 개발주의 국가에 대한 비판이 격렬하게 발생하였는가? 이것을 살펴보기 위하여 우선 시민 사회의 기본적인 형태를 확인해보자.

정치 참가자의 사회 계층

싱가포르는 사회주의 국가를 제외하고 아시아의 자유주의 국가 중에서, 국민에 대한 정치 · 사회 관리가 가장 엄격한 국가라고 할 수 있는데, 이러한 국가에서도 정부 비판 집단이나 반정부 운동이 존재한다. 개발주의 국가가 성립하기 전에는 '화교 대중' 이 이 역할을 담당하였는데 매우 강력하고 대규모적이었다. 그들은 중국에서 태어나 이민을 왔거나, 싱가포르에서 출생하였다 하더라도 중국어 교육을 받은 사람들, 혹은 공산주의에 공감하는 사람들이다. 그들은 중국적인 사회의 건설을 희망하였는데 인민행동당이 화교적 요소를 부정하고 서구적인 국가를 만들려 하자 이에 불만을 품고 정부에 대해 비판을 가하였다. 그러나 이미 본 살펴본 바와 같이 그들의 운동은 철저하게 탄압, 배제되었다.

이에 비하여 1980년대의 정부 비판 운동은 소규모에 산발적이었고 영어 고등 교육을 받은 사람들이 중심을 이루었다는 것이 특징이다. 원래 영어 교육을 받은 엘리트는 개발주의 국가를 유지시켜

리콴유

주는 집단으로 간주되어 왔으므로, 이 집단의 일부가 정치 참여(즉 시민 사회 영역의 확대)를 요구하거나 정부 비판을 행하였다. 그들은 구체적으로 정치적 자유와 정치 참여권의 확대, 권위주의적인 정부를 견제할 야당의 필요성, 국민의 목소리에 귀를 기울이는 정부 등을 요구하였다. 요약하자면 개발주의 국가의 성립 전과 성립 후를 비교했을 때, 싱가포르 사회의 변화(중국어 교육 사회에서 영어 교육 사회로의 전환, 전후 출생 세대의 대두)를 반영하여 정부 비판 집단도 중국어 교육을 받은 집단으로부터 영어 교육 엘리트로 교체되었다.

한편 사회 집단의 운동 조직을 보면 1960년대는 노동조합, 학생 조직, 중국어 신문이 주를 이루었으나, 1980년대가 되면 다른 국가와 마찬가지로 전문가 단체나 NGO가 중심을 이루었다. 특히 주목할 만한 것은 수는 적지만 영어 교육을 받은 젊은 세대를 중심으로 하는 NGO이다. 그 중 하나가 1990년에 창설된 '이슬람지식인협회'인데, 이것은 인도네시아나 말레이시아에서와 마찬가지로 세계적으로 이슬람 운동이 고양되는 가운데 만들어진 것으로, 말레이인의 사회적 지위 향상에 관한 독자적인 개선안을 정부에 내놓는 것이 활동 목적이었다. 1985년에 여성의 권리 향상을 목표로 설립된 '행동·조사여성협회'도 유사한 것으로서, 약 500명의 회원이 여성보호센터, 조사 출판, 국민 계몽 활동 등을 행하였다. 그리고 1991년에 설립되어 1,300명의 회원을 가지고 있는 '싱가포르 자연보호협회'도 독자적인 자연보호 마스터플랜을 작성하고 정부에 의견서를 제출하였다.

이들 단체의 회원 중 중간층이 차지하는 비율은 자연보호협회가 약 70%, 행동·조사여성협회가 약 60%이므로 중간층이 주체가 된 시민 사회 단체라고 할 수 있다. 싱가포르에서는 정부의 정치 관리가 매우 엄격하고 행정 서비스에도 관리가 이루어지므로 정치형이나 행정 대체형 NGO가 등장할 여지—즉, 시민 사회의 영역—는 다른 국가에 비교하여 매우 희박하였다. 그러나 1980년대가 되자 시민 사회가 등장하였다. 그러면 이와 같이 사회가 변화하는 가운데 개발주의 국가는 어떻게 변화해 갔는가, 또는 변화하지 않았는가?

3_자유화의 움직임과 개발주의 국가의 보강

고촉동 신총리에 의한 자유화

1990년 11월 26일, 싱가포르에 32년간 군림해 온 리콴유 총리가 퇴임하고 11월 28일, 고촉동[吳作東]이 새로운 총리에 취임하였다. 이것은 리콴유 총리가 지병이 있거나 국민의 비판을 받았기 때문이 아니다. 리콴유는 아직 67세로 건강에 아무 문제도 없었지만 자신이 아직 건강할 때 포스트 리콴유 체제를 굳힐 필요가 있다는 생각으로 물러난 것이다. 2년 후인 1992년에는 리콴유가 인민행동당 서기장 자리도 고촉동 총리에게 양보함으로써 '제1세대'에서 '제2세대'로 정권 이양이 완료되었다. 그렇지만 리콴유는 은퇴한 것이 아니라 신설된 선임장관에 취임하여 제2세대 지도자의 국가 운영을 뒤에서 지켜보았다.

새로운 지도자는 고촉동 총리, 토니 탄 부총리, 옹팅청 대통령, 리콴유의 장남인 리셴룽 부총리, 다나발란 외무장관 등으로 구성된 40, 50대의 젊은 집단으로 토니 탄 부총리를 제외하면 모두가 관료 출신이었다. 고촉동 총리가 등장한 시기는 아시아 각지에서 권위주의 체제 비판과 민주화의 바람이 일어났던 때였다. 고촉동 총리는 국민의 의식 변화나 세계적인 민주화의 조류를 파악하고, 더 이상 권위주의적 방법으로 국가를 통치하는 시대는 아니라면서, '자유주의' 스타일을 전면에 내세웠다. 이로써 싱가포르 개발주의 국가에서도 '위로부터의' 자유화가 시작되었다. 물론 이것은 다른 국가들에서 나타나는 '아래로부터의' 역동적인 민주화와 비교하면 매우 경미한 움직임일 뿐만 아니라, 주의해서 보지 않으면 외부의 관찰자는 거의 인식하기 어려웠으며 몇 년 안에 끝나 버리고 말았다. 그렇지만 이것은 싱가포르 정치의 맥락 속에서는 주목할 가치가 있는 것이었다. 그러면 이것은 어떠한 것이었을까?

국민은 고촉동 총리의 정치 자유화 움직임을 빠르게 알아차렸다. 리콴유 총리의 시대에는 정부 비판이 완전히 금기 사항이었으나 고촉동 총리가 취임한 후에 발매된 인민행동당을 풍자한 만화책이 베스트 셀러가 되었고, 실질적으로 정부가 관리하는 영자지 *The Straits Times*에는 인민행동당과 총리를 비판하는 독자의 투고가 많이 게재되었다. 이렇게 하여 '위로부터의' 자유화가 시작되었는데, 사실 국민들 사이에서는 이미 1980년대에 인민행동당의 강권 정치와 엄격한 국민 관리에 대한 불만, 정부를 견제하는 야당을 희망하는 목소리가 강해지고 있었다. 1984년과 1988년의 총선거에서는 야당이 각기 2석, 1석을 획득하여 인민행동당의 정치 독점을 무너뜨렸다. 국민의 비판은 득표율에 현저하게 반영되었다. 인민행동당의 득표율은 1980년에는 75.6%이었으나 1984년에는 62.9%, 1988년에는 61.8%로 크게 감소하였다. 이러한 흐름 속에서 자유화를 내세운 고촉동 총리가 등장함으로써 이 경향이 한층 강화되었다. 취임한 다음해에 치러진 1991년 총선거에서는 야당이 81석 중 4석을 차지하여 과거와 비교하여 최고를 기록하였으며, 이에 비해 인민행동당의 득표율은 61%로 역대 최저였다. 그리고

1993년에는 이제까지 국회에서 선출하였던 대통령을 국민의 직접 선거로 선출하는 방식으로 변경하여 선거가 실시되었는데, 인민행동당이 추천한 옹텅청 전 부총리가 당선되었으나 득표율은 58.7%에 그쳤다.

국민들은 현재는 1960년대와 같은 국가 위기 상황이 아니고 고도성장도 이룩했는데, 아직도 인민행동당의 정치 독점과 엄격한 국민 관리가 필요한지에 대한 의문을 가지게 되었다. 게다가 지금까지는 정부 비판이 정치 금기 사항이었지만 고촉동 총리는 이를 거의 용인했으므로 인민행동당의 퇴조가 나타났다. 고촉동 총리는 야당이 앞으로 의석을 더 늘릴지도 모르지만 이것은 국가의 건전한 형태라는 발언까지 하였다. 이처럼 싱가포르는 지도자 교체를 계기로 개발주의 국가로부터 '보통 국가'로 전환하는 양상을 보여주었다. 그러나 이후 인민행동당의 필사적인 반격, 즉 지배 체제의 강화나 야당 탄압 등 개발주의 국가에 의한 억제 조치가 다시 발동되기 시작하였다.

개발주의 국가에 의한 특별 조치

총선거에서 득표율이 60% 전후이고, 국회 의석 81석 중 77석을 차지한다는 것은 다른 국가의 기준에서 보면 체제 안정이라고 할 수 있으나, 총리 퇴임 후에도 계속 과거의 위신을 유지하던 리콴유 선임장관은 결코 그렇게 생각하지 않았다. 인민행동당의 득표율 저하, 야당의 의석 획득은 정치 안정과 경제 발전에 매우 유감스러운 사태라고 보았으며, 그 원인은 고촉동 총리의 '자유화'에 있다고 간주하였다. 그 즈음 인민행동당의 지도자 내부에서 어떠한 논의가 있었는지 외부에는 전혀 알려지지 않았으나, 고촉동 총리는 갑자기 자유주의 스타일을 지양하고 전임자인 리콴유 총리의 권위주의 통치 형태로 전환하였다. 이러한 정부의 방침 전환은 야당 억압과 일당 지배 체제 유지 조치의 보강으로 나타났다.

1980년대 이후의 총선거에서 야당이 약진하는 데 원동력이 된 것은 싱가포르민주당으로, 1993년에 노선 투쟁을 거쳐 보다 급진적으로 정부를 비판하는 치순주안이 실권을 잡고 서기장으로 취임하였다. 전 국립 싱가포르 대학 강사인 치순주안은 영어 교육을 받은 지식인으로 1992년 12월의 보궐 선거에 출마하여 비록 당선되지는 못했지만 선전하여 국민의 관심을 모았던 인물이다. 선거에서 민주당이 정부를 비판할 가능성이 높아지자, 정부는 치순주안 서기장 한 사람에게 공격을 가하며 국가 권력을 총동원하여 철저하게 탄압하였다. 그는 1993년 3월에 대학 개인 연구비를 부정하게 유용하였다는 이유로 해임된 것을 비롯하여, 여러 가지 이유로 이른바 '합법적'으로 탄압당하며 정치로부터 배제되었다.

이와 함께 인민행동당은 선거에서 패배하지 않기 위해 선거구

제도도 개혁하였다. 싱가포르의 선거 제도는 식민지 시대부터 계속 소선거구제였으나, 1984년 선거에서 야당이 2석을 획득하자 1988년 선거부터 일부 선거구에서 '그룹대표 선거구제'를 도입하였다. 이 독특한 제도는 3개의 소선거구를 하나로 하여, 정당은 3인 1조로 입후보한다. 총득표수가 많은 정당 팀이 당선되는데 팀 3명 중 최소한 한 명은 말레이인 또는 인도인이어야 한다. 국회에서 소수 종족 대표를 확보하기 위한 선거 제도의 변경이라고 설명하였지만, 진정한 의도가 무엇인지는 명백하였다. 그룹대표 선거구의 도입에 따라 야당의 득표율이 높았던 소선거구는 예외 없이 '재편·통합'의 대상이 되었다. 야당으로서는 한 선거구에서 3명의 유력 후보를 갖추는 것이 어려운 상황이었다. 1991년의 총선거에서 여당이 패배한 이후에는 이 제도를 더욱 강화하여 팀원 수가 3명에서 4명, 5명, 6명으로 증가되었고, 1997년 총선거에서는 소선거구 선출 의원이 7명, 그룹대표 선거구 선출 의원이 74명으로서 실질적으로 선거 제도가 완전히 변화되었다.

그뿐 아니라 이 시기에는 민주주의 국가에서 유례없는 '임명 야당 의원 제도'와 '임명 국회의원 제도'도 도입되었다. 전자는 낙선한 야당 의원 중, 득표율이 상위를 차지한 3명을 국회의원으로 임명하는 것(만약 선거에서 야당 후보자가 3명 이상 당선되면 적용 안 됨)이고, 후자는 사회의 유능한 인재를 확보할 목적으로 정부가 저명 인사를 의원으로 임명하는 것(당선은 최대 6명까지, 현재는 10명)이다. 정부가 새로운 두 제도를 도입한 의도는, 선거에서 굳이 야당에 투표하지 않아도 정부가 국민을 대신하여 야당이나 비정부 계열의 지식인을 국회에 확보하려는 데 있다. 1990년대 아시아의 많은 국가에서 권위주의 체제에 대한 비판이 강해졌으나 싱가포르 정부는 이러한 제도들을 도입하여 인민행동당의 정치 독점에 대한 국민의 불만이나 비판을 피하려고 했던 것이다.

이들 개발주의 국가의 특별 대책, 보강 제도가 과연 효과가 있었는가? 인민행동당의 장기적 인기 하락 경향을 억제하는 데 기여하였는가? 아니면, 그런 제도의 시행 이후에도 국민의 비판이 계속되었는가? 1997년 총선거와 1999년의 대통령 선거는 이것을 검증하는 기회가 되었다. 우선 총선거 결과를 보면, 인민행동당은 국회 83석 중 81석을 획득하였고, 득표율도 65%로 지난 선거와 비교하여 4% 상승하였다. 선거에서 야당은 '정치적 자유의 확대'와 '정부를 비판하는 야당을 국회로'라고 호소하였으며, 여당은 국민의 90%가 거주하는 공공 주택의 개선 문제를 전면에 내세웠다. 여당은 야당 의원이 선출된 선거구의 주택 개선 순서를 가장 뒤로 미룸으로써 노골적인 이익 유도와 압력을 행사하며 대항하였다. 결과적으로 국민은 정부가 의도한 대로 정치적 자유보다 일상 생활의 안정을 선택하였다.

대통령 선거는 아시아 경제 위기 이후의 국민의 의사를 표시하는 기회라는 의미에서 주목받았다. 싱가포르에서 경제 위기에 의해 외환 하락이나 민간 기업의 채무 변제 등의 문제는 발생하지 않았으나, 정부는 기업의 국제 경쟁력 회복을 위하여 임금 인하(5~8%)와 국민연금인 중앙적립기금(CPF)의 고용자 갹출분을 20%에서 10%로 인하하는 등 과감한 개혁 정책을 단행하였다. 이 두 가지의 조치는 국민에게 많은 희생을 강요하는 것이었다. 그러나 대통령 선거는 인민행동당이 추천한 전 주미대사 네이던 이외에 입후보자가 없었으므로 무투표 당선으로 어이없게 끝났다. 정확히 말하면 2명의 야당 후보자가 입후보 등록을 하였으나 입후보 자격을 갖추지 못하였다는 이유로 선거관리위원회가 거부하여, 국민은 의사 표시의 기회조차 부여받지 못한 것이다.

여하튼 두 선거 결과를 보면 정부의 야당 억압과 일당 지배 유지 조치의 보강책이 여당의 정권 유지에 공헌하였다. 인민행동당의 개발주의 국가는 '안정'을 유지하였다. 인도네시아나 말레이시아 등 다른 국가에서의 '대변동'과 싱가포르의 '무풍' 상태는 선명하게 대비된다. 아시아의 다른 국가들에서는 정치 체제의 근본적인 구조 변동이 일어나고 있었으나, 싱가포르에서는 과거 40년간 개발주의 국가의 틀이 변화할 징후가 전혀 감지되지 않았다.

4_왜 개발주의 국가에 대한 비판이 나타나지 않는가?

국가 지도자의 통치관

이제까지 살펴본 한국, 대만, 인도네시아, 말레이시아와 같은 개발주의 국가의 붕괴와 정치 변동은, 경제 성장에 따른 국민의 의식과 사회 구조의 변화, 그리고 경제 위기 대응 정책에 대한 불만이 원인이었다. 만약 경제 성장에 의해 정치 의식이 높은 중간층이 증가하여 그것이 권위주의 체제 비판으로 연결된다고 한다면, 아시아 국가들 가운데 최초로 이런 현상이 나타나야 할 나라는 싱가포르였다. 그러나 실제로 싱가포르의 억압적인 정치 체제는 경제 성장에도 불구하고, 그리고 아시아 경제 위기에도 불구하고 조금도 변화하지 않았다. 따라서 왜 싱가포르에서는 민주화, 구체적으로는 개발주의 국가 비판이 나타나지 않았는가 하는 문제를 살펴볼 필요가 있다. 그 원인으로는 국내의 다양한 요인이 복합되어 있을 것이다. 예를 들어, 한국과 대만의 민주화에서는 외부 요인인 미국의 억압이 강한 영향력을 가졌다. 그러나 1990년대가 되자 미국의 민주화 압력과 인권 억압에 대한 비판에 반론을 제기하는 형태로 싱가포르에서는 리콴유 전 총리가, 말레이시아에서는 마하티르 총리가 '아시아형 민주주의론'을 주장하였으므로 미국의 의향이 강한 영향력을 행사할 수 없었다. 즉, 싱가포르나 말레이시아는 개발주의 국가를 유지하기 위해 미국의 지원을 필요로 하지 않았다. 또한 인도네시아의 수하르토 체제가 붕괴하는 데는 권력자의 부패가 결정적 요인의 하나로 작용했으나 싱가포르는 지나치리만큼 깨끗하였다. 이처럼 다른 개발주의 국가에 적용되었던 붕괴 요인이 싱가포르에는 해당되지 않았으므로, 싱가포르 특유의 요인에 의해 개발주의 국가가 지속되었다고 할 수 있다. 여기서는 지도자의 특이한 통치관과 중간층의 의식, 두 가지를 지적하고자 한다.

일반적으로 개발주의 국가의 지도자는 성장과 민주화를 양자택일의 관계로 보고, 우선 성장을 이루고 난 후에 국민이 요구할 경우 민주화에 착수하면 된다고 생각하였다. 특히 이 점에서 리콴유는 더욱 더 경직되어 있었다. 리콴유는 국민이 무엇보다도 풍요로운 생활과 치안을 바라며 결코 민주화를 희망하지는 않는다고 생각하였고, 따라서 아시아에서 많은 개발주의 국가가 붕괴한 것은 국민에게 약속한 풍요로운 생활을 제공하는 데 실패하였기 때문이라고 주장한다. 인간은 경제 충족에 대한 욕구는 있어도 정치적 자유에 대한 욕구는 없다고 단정한 것이다. 그러나 이것은 리콴유 특유의 세계관에 불과하며, 이것만으로 중간층이나 국민의 비판을 억제하는 것은 무리였다. 이 때문에 싱가포르 사회의 구조적 취약론이 주장되었는데 이것이 싱가포르의 특수 요인이기도 하다. 그 논리는 다음과 같다. 소국이 생존하려면 성장할 필요가 있다. 아무 자원도 없는 도시 국가 싱가포르가 성장하기 위해서는 국제 경제의 필요에 맞게 변화하여 비교 우위를 창출해야 하며, 그렇지 못하면 국가와 사회가 소멸해 버린다는 것이다. 위기에 재빨리 대응하려면 국민이 이것저것 논의하고 있을 시간적인 여유가 없고, 국가의 지도하에 국민이 뭉쳐서 대응할 필요가 있다고 한 점에서 이것은 정치 체제론으로 연결되었다. 이를 위해서 국가(인민행동당)에 모든 권한을 집중시키는 현재의 체제가 절대 불가결하다고 정당화한다. 즉 싱가포르의 특수 요소를 이유로 개발주의 국가의 정당성을 설명하였다.

이와 같은 정부의 생각을 국민에게 철저하게 주지시키기 위하여 언론을 엄격하게 통제 관리하고, 정부 입장에서 바람직하지 않은 정보를 제공하는 국내외의 언론도 엄격하게 통제하였다. 물론 정도의 차이는 있지만 언론 통제와 국민의 사상 관리는 모든 개발주의 국가의 권력자가 시도해 온 것으로, 싱가포르는 좁은 국토(서울과 비슷함)를 가진 나라라는 특수 요인 때문에 효과적으로 그 기능을 할 수 있었다는 이점이 있었다.

이처럼 국가는 강대한 것이었다. 그러나 싱가포르 개발주의 국가 안에 시민 사회 영역이 전혀 없었는가 하면 그렇지는 않다. 이미 살펴본 바와 같이 1980년대가 되면 제한적이지만 몇 개의 유력

NGO와 전문가 단체가 등장하였으며, 정부는 정부를 비판하는 것은 엄격하게 억압하고 정부 행정의 보완적 기능을 행하는 것은 용인하는 선별적인 태도를 취하였다. 이와 함께 근래에 정부는 새로운 운동을 시작하였다. 국민은 국가에만 의존하지 말고 자립해야 한다는 것이다. 이를 위해서는 스스로의 단체를 가지는 것이 필요하다고 하여, 비정치적 단체의 결성을 장려하고 이들 단체의 활동을 '공민 사회(civic society)'라고 불렀다. 2000년 9월 1일에는 영국의 하이드 파크를 모방하여 도심의 공원 한쪽에 '자유 연설 광장'을 설치하여 국민이 자유롭게 정치적 의견을 말하는 장소도 제공하였다. 물론 이것을 뒤집어 생각하면 이 이외의 장소에서 자유로운 연설을 하는 것은 금지됨을 의미하고, 공민 사회와 마찬가지로 그 자유는 '관리되는 자유'에 불과하다. 이처럼 정부는 이미 시민 사회를 억압하는 데 그치지 않고 국가에 바람직한 방향으로 그것을 유도하고 관리하려 하였다.

중간층의 한계

이상이 싱가포르 개발주의 국가의 논리이다. 개발주의 국가의 민주화는 한국, 대만, 인도네시아에서 본 것처럼 위로부터가 아니라 결국은 국민이 아래로부터 강하게 요구하여 가능하였다. 또한 국민이 개발주의 국가에 대해 어떻게 생각하고 있는가가 결정적으로 중요하다. 그 이유 중 하나로 권위주의적이고 엘리트주의적인 정부에는 무엇을 말해도 소용없다는 체념이 만연하였기 때문이다. 그러나 여기서는 그뿐만 아니라 사회(국민)에도 이유가 있다는 것을 지적하고 싶다. 이것을 설명하려면 현재 싱가포르의 사회 집단이 크게 2개로 분열되어 있다는 것을 알 필요가 있다. 하나는 영어 교육을 받은 중간층, 다른 하나는 서민층(이민온 고령자, 중국어 교육층, 영어 교육에서의 탈락자)이다. 여기서 문제가 되는 것은, 전자인 중간층의 '보수적'인 태도이다. 싱가포르 사회는 아시아에서 중간층의 비율이 가장 높다. 중간층의 특징적인 행동 양식의 한 가지는 현재의 생활을 고수하는 것, 쉽게 말하면 민주화와 정치적 자유보다 사적 생활을 우선시하는 것이라고 할 수 있다. 번영하는 싱가포르 젊은이들의 꿈은 네 가지 C(credit card, (골프)club의 회원권, condominium, car)를 가지는 것이라는 데서 이를 확인할 수 있다.

앞서 1980년대 이후의 총선거에서 인민행동당에 대한 비판표가 증가하였음을 확인하였다. 그런데 인민행동당은 득표율 저하가 중간층에 의한 비판 때문이라기보다 생활 수준이 향상되지 않는 것에 대해 중국어 교육을 받은 하층 집단이 불만을 가지고 있었기 때문이라고 간주하였다. 이에 따라 정부는 1997년 총선거에서 이 계층을 배려하는 정책(공공 주택의 개선)을 내세워 승리하였다. 정부는 일부 중간층이 정부에 대해 비판하지만 그것은 소수파에 불과

하고, 다수파는 인민행동당에 의한 개발주의 국가가 있어야 자신
들의 풍요로운 생활이 가능하다는 것을 잘 알고 있다고 판단하였
다. 그들은 추상적인 자유에는 관심이 없다는 것이다. 싱가포르의
중간층을 관찰해 보면 권력자의 통찰력을 확인할 수 있다.

싱가포르 정치의 과제

　이것이 싱가포르 개발주의 국가의 현재 상황이다. 싱가포르에서
는 주로 지금 살펴본 이유로 개발주의 국가가 지속되었으며 이에
대한 비판이 나타나지 않았다. 그러면 앞으로 싱가포르의 정치 과
제와 진로는 어떠할까?

　싱가포르는 1965년 이후 인민행동당에 의해 개발주의 국가가 성
립되어, 이를 기반으로 아시아에서 두드러지게 높은 경제 성장을
이루었다. 아무런 자원도 가지지 않은 소국이 성장할 수 있었던 것
은 농촌이 없는 도시 국가라는 조건도 도움이 되었지만, 개발주의
국가의 효용이 컸다고 할 수 있다. 어쨌든 이것에 의해 싱가포르는
국민 소득, 생활 수준, 교육 수준이 매우 높아져 아시아 굴지의 중
간층 사회가 되었다. 여기까지는 다른 개발주의 국가와 비슷하였
지만 문제는 그 이후이다. 1990년 전후의 시기를 제외하면 정부는
개발주의 국가의 통제를 완화하기는커녕, 싱가포르의 특수성을 이
유로 더욱 사회 관리를 강화하였고, 일부를 제외하면 정치 비판이

나 적극적인 정치 참여를 거의 찾아볼 수 없었다. 국가의 영역은 매우 광범위하고 강하며, 시민 사회의 영역은 매우 협소하고 약하였다. 경제 영역에서의 개방적인 정책과는 전혀 대조적으로 정치 체제는 매우 폐쇄적이었고, 다른 개발주의 국가가 점차 민주화되어 '보통 국가'로 전환해 가는 가운데에도, 싱가포르는 1960년대의 엄격한 국제 환경 속에서 탄생한 개발주의 국가를 계속하여 고수하였다. 국제 환경은 크게 변화하는데 국가의 본질적 성격이 조금도 변화하지 않는다는 의미에서, 싱가포르는 북한과 함께 아시아 최후의 '정치적 비경'이라고 부를 수도 있을 것이다.

그러나 싱가포르가 종종 서구 국가들로부터 비민주적이라고 비판받으면서도 국제 세계에서 고립되지 않은 것은, 닫힌 정치(정치적 자유의 억압과 엄격한 국민 관리)와 열린 경제(자유로운 투자와 무역, 이것은 싱가포르의 성장에 불가결한 조건이기도 하다)를 교묘하게 사용하였기 때문이다. 앞으로의 싱가포르 정치는 정치 안정을 기반으로 개발을 추진한다는 1960년대의 논리가 변하지 않고 지속될 것이라고 보아도 좋다. 구체적으로 말하면 일당 지배의 정치 체제를 조금도 완화하지 않고, 경제만이 국가와 시장의 보완적 관계를 강화, 운영하는 방향으로 이행할 것이다.

그렇다면 싱가포르에서는 '반영구적'으로 국가가 강하여, 시민 사회가 정치 참여를 보다 확대할 수는 없는 것일까? 이것은 어려운 문제로 간단히 대답할 수 없다. 우선 시민 사회 단체는 2000년을 기점으로 하여 NGO, 환경 단체에서부터 스포츠 단체, 기업의 OB회에 이르기까지 약 5,000개 정도로 추측된다. 싱가포르가 인구 320만의 사회라는 것을 감안하면 그 수는 결코 적지 않다. 문제는 수가 아니라 그 '영역'과 '자유', 그리고 국민의 의식에 있다. 영역이 좁고 자유가 없는 것은 국가가 그것을 규제하기 때문이기도 하지만 국민의 의식에도 원인이 있다고 생각된다. 중간층이 두터운 싱가포르란 나라에서 어떻게 자율성을 강화해 갈 것인가? 이것이 우수한 성장 국가와 번영하는 사회에 남겨진 과제라고 할 수 있을 것이다.

1819	Stanford Raffles경, 조호르 왕국과 조약 체결
1824	조호르 국왕, 싱가포르를 영국 동인도회사에 영구 할양
1826	Malacca 및 Penang에 흡수되어 동인도회사의 지배하의 The Straits Settlements 구성
1830	The Straits Settlements의 관할권이 인도의 Bengal 총독에게로 이전
1851	싱가포르를 인도 총독의 직속 관할로 이전
1867	싱가포르의 관할이 영국 식민지청으로 이관
1942~1945	일본의 식민지 지배
1946	영국의 직할 식민지가 되어 Christmas Island와 Cocos Island를 관할
1957	런던에서 개최된 헌법회의에서 원칙적으로 싱가포르가 독립 국가가 된다는데 동의하고 싱가포르에 대해 완전한 국내 자치권을 인정하면서, 외교, 국방 및 헌법정지에 관한 권한만 영국정부가 보유
1959. 5	입법의회 의원 전원을 선출하기 위한 선거가 실시 총 51석 중 인민행동당(PAP)이 43석을 차지하여 자치 정부 구성
1959. 6	리콴유 초대총리 취임
1963. 7	말레이시아협정 서명으로 말레이시아 성립(1963.9.16)과 함께 말레이시아 연방 포함
1965. 8	말레이시아 연방에서 분리(완전독립)
1965. 9	유엔가입
1965. 12	헌법 개정(국가 원수를 대통령으로 함)
1967. 8	동남아시아 국가연합(ASEAN) 결성
1968. 4	총선거 실시(인민행동당, 58석 전의석 차지)
1970. 11	유소프 대통령 퇴임

1971. 1	벤자민 헨리 셰어레스(Benjamin Henry Shares) 제2대 대통령 취임
1971. 10	영국 극동사령부 폐쇄
1972. 9	총선거 실시(인민행동당, 65석 전의석 석권)
1976. 12	총선거 실시(인민행동당, 69석 전의석 석권)
1980. 12	총선거 실시(인민행동당, 75석 전의석 석권)
1981. 5	셰어레스 대통령 퇴임
1981. 10	데반 나이르(Devan Nair) 제3대 대통령 취임, 국회의원 보궐선거 (Anson지역구)에서 야당인 노동당 사무총장 제야레트남(Jeya retnam) 당선
1984. 12	총선거 실시(인민행동당 79석 중 77석 차지)
1985. 3	데반 나이르 대통령 사임
1985. 9	위킴위(Wee Kim Wee) 제4대 대통령 취임
1986. 8	국내 문제에 간여하는 외국 언론의 싱가포르 내 배포 부수 제한
1987. 5	국가보안법에 의거 공산주의 활동 혐의로, 성직자, 농민운동가, 전 문 직업 종사자 등 16명 구금
1988. 5	연대출마 방식의 선거제도(Group Representation Constituen- cies) 신설
1988. 9	총선거 실시(인민행동당 81석중 80석 차지)
1990. 11	리콴유 총리직 사임, 고촉동 총리 취임
1991. 1	대통령 직선제 헌법 개정(11.30 발효)
1991. 9	고촉동 내각 출범, 리콴유 선임장관으로
1991. 10	경제전략계획(Strategic Economic Plan) 발표
1993. 8	옹텅청 제5대 대통령 선출
1997. 1	제8대 총선거 실시(직선의석 총 83석 중 인민행동당 81석 차지)
1999. 9	나탄 제6대 대통령 취임
2000. 11	김대중 대통령 싱가포르 방문
2001. 11	제9대 총선거 실시, 인민행동당 압승

개발주의 국가를 둘러싼 문제

▶ 일본을 모델로 한 개발주의 국가
▶ '강한 국가'와 개발
▶ 동아시아 국가들의 경제 변화

지금까지 한국, 대만, 인도네시아, 말레이시아, 싱가포르의 순으로 1960년대부터 현재까지 주요 정치 흐름을 살펴보았다. 이 시기의 5개국의 모습에 조금씩의 차이는 있지만 국가와 시민 사회의 상호 관계에 관한 공통성이 있음을 알 수 있다. 5개국의 역사 문화 특성을 하나의 키워드로 표현하면, 한국은 유교 문화, 대만은 중국 문화, 인도네시아는 자바와 이슬람의 혼합 문화, 말레이시아는 말레이 문화, 싱가포르는 서구와 중국의 혼합 문화로 각각 다르게 나타난다. 사회 구조에서도 한국과 대만은 단일 민족 사회, 인도네시아와 말레이시아는 복합 사회, 싱가포르는 이민 복합 사회로서 기본적 성격이 다르다. 그럼에도 불구하고 이 국가들에서는 모두 1960년대에 군과 우위 정당을 중심으로 개발과 성장을 목표로 내세운 권위주의 체제가 등장하여, 국가 중심의 개발을 정력적으로 추진하였다. 이 정치 경제 체제가 개발주의 국가라 불리는 것은 이미 서론에서 소개한 바 있고 그 의미도 간단히 설명했다. 이 장에서는 서론에서 다루지 않았던, 개발주의 국가를 둘러싼 몇 가지 기본적 문제를 중심으로 아시아의 움직임을 살펴보고자 한다.

1_일본을 모델로 한 개발주의 국가

개발주의 국가론의 등장

아시아 국가들이 경제 발전을 시작하기 훨씬 이전에 영국에서 근대 세계의 경제 발전(공업화)이 시작되어 프랑스, 독일, 미국으로 진행되었다. 이 국가들은 말할 것도 없이 구미 지역에 속하며, 구미 여러 나라들과 비교하면 아시아 지역의 경제는 뒤떨어져 있었다. 그러나 메이지유신 이후 일본이 '부국강병'을 내걸고 구미 선진국들을 '따라잡아 추월하려는' 목표를 세워 민관 합동의 경제 발전을 추진하였고, 그 결과 아시아 최초의 공업 국가로 탄생하였다. 제2차 세계대전 이후에는 동아시아 다른 국가들도 경제 발전을 정력적으로 추진하여 제3세계 중에서도 개발에 가장 성공한 지역이 되었다. 여기서 주목해야 할 것은 메이지유신 이후의 일본 경제 발전 패턴과 아시아 여러 나라들의 패턴이 매우 유사하며, 이것을 역사의 흐름에서 보면 일본의 개발 패턴이 제2차 세계대전 이후의 동아시아 여러 나라들의 발전 모델이 되었다는 점이다.

미국의 경제학자 찰머스 존슨(Chalmers Johnson)은 1920년대 후반 이후의 일본의 경제 발전 과정을 분석한 것으로 유명하다. 존슨은 일본의 경제 발전 노력은 전전기(戰前期)와 전후기(戰後期)가 단절되어 있는 것이 아니라 실제로는 연속적이었다고 인식하고, 그 성장의 원인으로 관료(통산성)의 산업 정책이 결정적인 역할을 하였다고 결론지었다. 그는 이런 견해를 1982년에 출간된 *MITI and The Japanese Miracle : The Growth of the Industrial Policy, 1925~1975* 에 발표하고 이 국가 유형을 개발주의 국가라고 이름지었다. 물론 일부 연구자들 사이에서는 이런 시각에 반대하는 비판도 제기되었지만, 그 후 개발주의 국가 모델은 한국과 대만 나아가서 인도네시아, 말레이시아, 싱가포르 등 동아시아 국가들로 확대·적용되었던 것이 사실이다. 존슨의 일본 개발주의 국가론은 주로 전전기를 대상으로 한 것으로서 동아시아 국가들이 개발에 착수한 시기인 1970년대와 시기적으로는 차이가 있지만, 개발이라는 국가 목표, 국가 주도 형태, 권위주의 체제와 같은 공통점이 나타난다는 점에서 연계성을 가지고 있다고 할 수 있다.

동아시아 국가들의 입장에서 본다면, 각 국가가 고유의 역사와 문화 요소를 여전히 가지고 있고 기본적인 사회 구조나 정치 경제 과정, 그것을 둘러싼 국제 관계 역시 상당한 차이가 있었음에도 불구하고, 1970년대가 되면서 개발주의 국가라는 공통적인 국가 형태를 나타냈다. 당시 국가의 성장 모델이 된 것은 아시아에서 최초로 공업화를 달성한 일본이었다.

왜 동아시아에서 개발주의 국가가 등장한 것일까?

동아시아 국가들에서 개발주의 국가가 성립한 것은 한국과 대만에서는 1970년대 초이고, 인도네시아에서는 1965년에 실권을 장악한 수하르토 체제 성립 이후이며, 싱가포르도 말레이시아에서 분리 독립한 1965년이었다. 단지 말레이시아의 경우는 1981년 마하티르의 등장 이후에 개발주의 국가가 상당히 늦게 성립되었지만, 1970년대에 권위주의 체제의 기초는 이미 성립된 상태였다. 한편 이들 나라들이 실질적으로 독립한 해는 인도네시아가 1945년, 한국은 1948년, 대만도 잠정적으로 하나의 국가가 된 것은 1949년, 말레이시아는 1957년, 그리고 싱가포르는 1965년으로 조금씩 차이가 있다. 또한 정치 사회의 특징도 상당한 차이가 있다. 그럼에도 불구하고, 1960~1970년대가 되면서 각국은 일제히 권위주의 체제와 국가 주도형 개발을 특징으로 하는 개발주의 국가로 전환하기 시작하였다. 그러면 왜 동아시아에서 이 시기에 개발주의 국가가 잇달아 탄생한 것일까? 이것은 동아시아의 현대사에서 설명되어야 할 중요한 주제 중 하나이다.

그 이유로서 우선 당시 동아시아 국가들이 직면해 있던 국내외의 다양한 요인을 들 수 있다. 즉 독립은 했지만 대외적으로 한국이나 대만과 같은 분단 국가는 냉전 체제하에서 자국의 안전 보장 문제에 직면해 있었고, 국내적으로도 국가 통합이나 사회 통합, 나아가 가난한 국민에 대한 생계 제공 등 어려운 문제에 직면해 있었다. 이 국가들은 국방 체제의 구축이나 엄격한 국민 관리로 일시적으로 대응할 수는 있지만, 근본적으로는 개발과 성장을 통해서 국가와 국민을 풍요롭게 하는 것만이 현실적 문제를 한꺼번에 해결할 수 있는 '유일한 카드'라고 생각하게 된 것이다. 당시 개발을 하려면 거대한 자본과 고도의 산업 기술, 장기적 시각에 입각한 산업 전략이 필요했지만, 아시아 사회의 상황은 민간 기업과 기업가의 능력이 부족했기 때문에 국가가 선두에 설 수밖에 없었고, 산업 정책과 자원 배분을 효율적으로 실시하는 데 있어서도 사적 이익을 추구하는 기업 또는 시장이 아닌 사회 전체의 이익을 멀리 내다볼 수 있는 국가의 리더십이 필요하다고 인식되었다.

개발주의 국가는 당시 아시아가 처해 있는 정치 경제 환경 속에서 직면한 문제들에 대응하는 과정에서 등장하게 된 것이다. 우선 국가 통합과 사회 통합의 과정에서 군정이나 일당 지배의 권위주의 체제가 확립되었고, 그 다음으로 체제의 목표와 정통성에 의거해 개발이 거론되는 두 단계를 거쳤다. 따라서 체제의 기본적인 사고 방식은 권위주의 체제로 먼저 정치 안정을 확보하고, 그 위에 국가가 선두에 서서 개발을 진행한다는 것이었다. 결국 권위주의 체제를 확립한 뒤에 그 체제의 목표와 과제를 '질서'에서 '개발'로 바꿈으로써 개발주의 국가가 성립된 것이다. 이는 1950~1960년대의 군정과 권위주의 체제가 그대로 개발주의 국가로 이어졌다는 점에서 잘 나타나며, 바꿔 말하면 군정과 일당 지배가 개발주의 국가 출현의 준비 과정이었던 것이다.

이 성립 과정에서 나타나듯이 개발주의 국가를 정치 체제로 본다면 권위주의 체제와 동의어라고 할 수 있다. 전전기의 일본에서 정치를 지배한 것은 군부였으며 정당이나 정치가, 기업가, 노동조합, 사회주의자, 지식인 등은 심한 탄압을 받았는데, 이와 같은 상황이 동아시아 개발주의 국가에서도 전개되었던 것이다. 그렇다면 개발주의 국가와 권위주의 체제가 밀접한 관련이 있었던 이유는 무엇일까?

그것은 개발주의 국가의 성립 요인으로 대부분 설명되긴 하지만, 1970년대 아시아 정치를 이해하고자 할 때 무엇보다도 중요한 변수이므로 다시 한번 자세히 설명하고자 한다. 동아시아 국가들은 독립 후 민주주의 체제로 출발했지만, 지방 분권 세력, 공산당, 주변 소수 민족, 종교 집단의 반항과 반란이 이어져 시급한 국가 과제였던 국가 통합과 사회 통합을 이루는 과정이 순조롭지 않았으므로 정부로서는 그들을 진압하면서 국가 체제를 확립할 필요를 느끼고 있었다. 이런 과정에서 그 목표를 달성하는 정도는 국가에 따라 달랐고 경우에 따라서 군에 의한 진압과 같이 적나라한 폭력을 사용한 것이 문제가 되기도 했지만, 어떻든 반란 세력의 진압은 대체로 성공적이었다. 그러나 이러한 국가 체제의 확립 과정에서 다양한 정치 사회 집단, 즉 야당, 종교 단체, 노동조합, 학생 운동, 지역 세력, 경제 단체 등에 대한 억압과 배제 혹은 무력화가 진행되었다. 이렇게 되자 국가가 권력을 일원화하는 현상이 나타나게 되었고 그 때문에 개발주의 국가의 정치 체제가 권위주의 체제와 거의 동의어로 인식되기에 이른 것이다.

  이것을 국가의 관점에서 보면 다음과 같다. 개발주의 국가가 형성되기 이전 동아시아 국가들에서 질서 유지를 내세우면서 권력을 잡은 것은 군부와 특정 정당이었다. 한국과 인도네시아에서는 군부 쿠데타가 일어났고, 싱가포르, 대만, 말레이시아에서는 지배 정당의 우위 체제가 형성되었다. 정치 질서의 확립을 표어로 내걸고 군정과 권위주의 체제가 등장한 것이다. 여기서 문제가 되는 것은 질서가 일단 확립되면 군부나 우위 정당이 권력을 민정에 넘기거나 복수 정당들에게 내줄 것이라는 기대를 저버리고 권위주의 체제를 그대로 유지시키며 새로운 목표로서 개발을 내걸어 체제의 지속을 도모하였다는 점이다.

이처럼 개발주의 국가에서 나타나는 권위주의 체제의 성격은 독립 후에 동아시아 여러 나라들이 걸어온 정치 경로와 밀접하게 연관되어 있는 것이다. 이런 상황에서, 개발을 효율적으로 진행하기 위해서는 사회의 이익 집단이나 압력 집단으로부터 정부가 상대적으로 자유로워야 한다는 점을 중시하게 것이다. 이 같은 정치 경제 환경 속에서도 사회의 다양한 집단들이 서서히 활동을 시작했으나, 통치자들은 국가와 다른 생각이나 지향을 갖는 것을 용인하는 민주주의 체제보다는 시민 사회를 억압·관리하는 권위주의 체제가 개발이라는 목표를 추구하는 데는 더 적합하다는 발상을 가지고 있었다.

2_ '강한 국가'와 개발

강한 국가와 약한 사회

이렇게 해서 개발주의 국가가 성립되었는데, 그 구조적 메커니

즘과 개발과의 관련성을 간단하게 말하면 다음과 같다. 첫째, 다양한 수단을 통해서 지배 체제의 정치 기반을 강화해서 중앙 집권화를 확립하고, 강권적인 정치 운영으로 체제의 장기화를 보장하는 기반을 구축하였다. 둘째, 이것과 더불어 야당, 정부 비판 집단, 경제·사회 단체를 억압해서 정치 관리하에 두든가, 아니면 비정치화한다. 셋째, 이러한 절대적인 정치 기반의 위에서 경제 발전을 진행한다는 것이다. 이 책에서 다룬 다섯 나라 모두 개발주의 국가의 발전 과정에서 이런 특징을 나타냈다.

이처럼 아시아의 개발에 있어서 국가가 결정적인 역할을 수행한 것은 분명한데, 이런 국가를 인식하는 한 가지 시각으로 '국가와 사회의 대립 관계론'이 있다. 이것은 국가와 사회가 대립 관계에 있다고 생각하고, 정책 결정과 시행 과정에서 어느 쪽의 힘이 큰가에 따라서 '강한 국가(약한 사회)' 혹은 '약한 국가(강한 사회)'의 유형으로 나누고 국가의 특징을 이해하려는 방식이다. 국가가 강하다는 것은 사회의 의사나 의향과는 관계없이 정책을 결정할 수 있다는 것이고, 그것을 국민(사회)에게 강제할 수 있는 능력을 가진 국가가 존재함을 가리킨다. 이에 대해서 약한 국가(그 반대로 강한 사회)라는 것은 국가가 정책을 결정하는데 사회의 의향이나 압력을 무시하고서는 아무것도 결정할 수 없다는 것은 아니지만, 국가가 결정한 정책의 시행 과정에서 사회의 영향을 강하게 받는 상태의 국가를 가리킨다. 강한 국가를 이처럼 정의하면 개발주의 국가가 강한 국가 유형에 속한다는 것은 설명하지 않아도 될 것이다. 1970년대의 한국, 대만, 인도네시아, 싱가포르는 국가가 사회를 완전하게 억압·관리하고 위로부터 일방적으로 명령하는 체제였다.

개발주의 국가가 강한 국가라고 하는 것은 반대로 사회가 약한 것을 의미한다. 사실, 1970~1980년대의 동아시아 국가에서는 군부나 국가 권력에 의해서 야당, 종교 단체, 농민 단체, 노동조합, 학생 운동, 경제 단체 등의 정치력이 무력화되어 버렸다. 이에 따라 근대 국가에 일반적으로 존재하는 압력 단체나 이익 단체가 자취를 감추었다. 그것은 시민 사회의 영역이 매우 좁게 축소되었기 때문이다. 물론 개발주의 국가하에서도 반정부 운동이나 게릴라적인 무력 항쟁이 나타났으며, 1980년대 중반 '서울의 봄'이나 1990년대 초 '싱가포르의 봄'이라고도 불리는 민주화의 움직임이 바로 그것이다. 그러나 한국에서 민주화 운동은 정당한 정치 운동으로 인정받지 못하고 국가 반역의 치안 문제로 취급되어 질서 유지 차원에서 처리되었고, 싱가포르에서는 체제 차원에서 방침을 전환했기 때문에 그것이 겨우 봉오리만 피우고 실험으로 그친 채 단명으로 끝나 버렸다. 국가와 사회의 관계를 통해서 개발주의 국가를 보면 압도적으로 강한 국가와 절대적으로 약한 사회의 존재라는 모습이 자주 부상되어 왔음을 알 수 있다.

행위자로서의 국가

그러면 강한 국가의 성격을 가진 개발주의 국가는 근대 국가론 속에서 어떤 위치에 놓이는 것일까? 다양한 근대 국가론 중에서 근대 서구의 대표적인 '야경국가' 관과 비교해 살펴보자. 이것은 경제 사회 활동을 자율적인 시민 사회의 여러 집단들이 자발적으로 행하고, 그것에 의해서 경제나 사회가 움직인다고 보는 시각이다. 그것은 국가란 단지 치안이나 질서를 유지하는 최소한의 규칙을 만드는 수준에 그치는 것이 좋다고 생각하기 때문에 시장을 중시하는 자유 방임주의와 결합되어 있다. 이에 대해서 개발주의 국가는 정치, 경제, 사회의 모든 영역에 국가가 개입하며, 시장관 역시 경제 사회 개발을 진행하는 데 국가가 개입할 필요성을 강조한다. 개입의 목적은 단순히 시장이 잘 기능하도록 하려는 데 있는 것이 아니라, 국가가 원하는 방향으로 유도하려는 데 있다고 생각한다. 권위주의 체제는 구미 근대 국가와 아시아 개발주의 국가를 구별하는 정치 요소이며, 양자를 구분하는 경제 요소이기도 하다고 보는 것이 적절하다. 그러나 개발주의 국가의 이러한 시장관은, 국가를 일종의 '영역'이나 '기구'로 보아야 하는가 아니면 어떤 '행위자'로 보아야 하는가의 문제로 연결된다. 국가를 행위자라고 한다면 조금 이상하게 들릴지 모르겠지만 여기에 개발주의 국가의 특성이 숨어 있다고 할 수 있는데 이를 간단하게 설명하고자 한다.

전통적으로 근대 서구에서는 국가를 영역이라고 간주하는 사고 방식이 강했고, 전후 미국에서 유행한 행태주의론 정치학자들은 국가란 다양한 사회 집단이 교차하는 '장'이라고 주장하였다. 이들은 국가를 행정이나 사법 등 비인격적인 제도 장치로서 이해하려는 특성이 있다. 이에 대해 개발주의 국가를 관찰한 연구자 사이에서 국가는 단순한 제도 장치가 아니라, 스스로의 의사를 가지는 행위자라고 이해해야 한다는 주장이 대두되었다. 국가가 행위자라고 하는 것은 개발에 있어서 국가가 개발 주체라는 것, 즉 단순히 개발 계획의 책정이나 산업 인프라의 구축에 그치지 않고, 어떤 산업이 진흥되어야 하는지, 자원 배분을 어떻게 하는 것이 좋은지에 대해 시장에 개입하고, 사회에 대해서도 어떻게 행동해야 하는지 지시할 필요가 있다면 스스로 실행 부대가 될 수 있다는 것이다.

물론 이러한 국가 행위자론에 대한 비판도 강하다. 동아시아의 개발에서 실제로 국가가 행위자였는지에 대한 경험적 입장에서의 비판, 혹은 국가는 원래 시장에 개입해야 한다는 신고전파 경제학의 규범적인 입장으로부터의 비판은 그 한 예이다. 1970~1980년대의 개발주의 국가를 관찰하면 국가 행위자론은 설득력을 가진다. 이 책에서 살펴본 바와 같이 국가가 단순히 제도적 장치는 아니고 행위자로서도 행동한다는 것, 바꿔 말하면 사회(민간 기업이나 개인)뿐 아니라, 국가도 개발 주체였던 것이 동아시아 국가들의 개발의 한 요인이었기 때문이다. 여기에서 개발의 시대에 아시아 국가와 구미 국가의 차이와, 동아시아의 개발 과정에 있어 국가의 한 가지 특이성이 단적으로 나타난다.

테크노크라트의 역할

말할 것도 없이 국가가 행위자인 체제하에서 개발 패턴은 국가 주도형이 된다. 경제 개발에서 정부는 산업 정책, 노동자의 임금 관리, 융자·금융 정책, 인허가 등 다양한 분야에서 개발 과정에 관여하기 때문이다. 실제로 동아시아 국가들은 거의 예외 없이 어떤 산업을 진흥시키고, 어떤 기업을 우위에 둘 것인지에 대해 상당히 구체적인 개입 유도 정책을 취하였다. 동아시아의 개발에서 국가는 중요한 역할을 했지만 여기에서는 국가 개입의 실태가 아닌 그것을 실제로 담당한 관료에 초점을 맞춰 그 특징을 살펴보고자 한다.

개발주의 국가는 무엇보다도 개발의 추진을 내세우면서 그 실행 부대를 필요로 하였다. 그것을 담당한 것이 테크노크라트였다. 이 책에서 살펴본 바처럼 개발주의 국가의 권력 집단은 군이나 우위 정당에서 나왔지만 실제 개발 정책은 구미의 대학에서 개발 경제학이나 행정학을 공부한 테크노크라트에 의해 만들어진 것이다. 인도네시아에서는 수하르토 체제기에 '버클리 마피아'라고 불리는 경제 관료 계층에 의해 개발이 주도되었다는 것을 앞서 살펴보았다. 각 장에서 자세히 기술했듯이 실제로 동아시아 국가들에서는 개발의 본격화와 함께 한국에서는 경제기획원, 싱가포르에서는 경제개발청, 인도네시아에서는 국가개발기획청 등 개발 행정의 중심적인 경제 기관이 창설되었다. 이들 관청과 관료는 권력자와 밀접한 관계를 가졌으며 정치 지배는 군과 우위 정당이, 개발은 테크노크라트가 담당하는 분담 체제가 이루어졌다. 국가가 정치를 독점하는 체제하에서 테크노크라트만이 '경제 합리성'에 입각해서 개발 행정을 진행하였다. 이것이 개발주의 국가의 표면적 얼굴이었다고 할 수 있다.

이와 관련해서 조금 전문적인 주제이지만 개발주의 국가를 둘러싼 중요한 하나의 문제를 다루고자 한다. 그것은 권위주의 체제와 성장의 관련성이다. 구미 근대 국가는 민주주의 체제하에서 경제발전을 수행했지만 이 책에서 살펴본 것처럼 동아시아 국가들은 권위주의 체제하에서 경제 성장을 이루었다. 여기에서 '정치 체제와 경제 성장'의 문제가 발생하는데, 동아시아 개발주의 국가의 사례에서 이 주제와 관련하여 무엇을 말할 수 있을까?

개발주의 국가에서는 국가가 정치 집단(야당, 노동조합, 학생 운동)을 억압하고, 경제 집단(재계, 기업)도 관리하는 정치 경제 체제가 기초가 되었지만, 이것이 경제 개발을 진행시켜 정부(관료)의 정책 선택 · 결정 · 실시에 'free hand'를 제공하게 되었다는 점에 주목할 수 있다. 바꿔 말하면 동아시아 국가들의 경제 개발 과정에서 관료는 야당, 재계, 국민의 의향을 배려하는 것이 아니고 단지 경제 합리적으로 혹은 인도네시아 수하르토 체제처럼 특정 집단(일부 화교 기업가나 대통령 가족)을 위해 정책을 운영하는 것이 가능했던 것은 이 '정치 인프라'가 그것을 보장했기 때문인 것이다. 국가는 사회의 의향을 배려하지 않고, 자유롭게 정책을 선택할 수 있었으므로 그것을 '국가의 자율성'이라고 부르는 것이다. 개발 도상국에서 국가의 능력에 관련해서는 결론에서 살펴보겠지만 최근에는 '국가의 통치(통치 능력)'가 가끔 문제가 되고 있으며, 동아시아 국가들에서는 국가에 따라 정도의 차이가 있지만 이 국가의 자율성이 통치 원천의 하나였다고 해도 좋을 것이다.

물론 개발주의 국가의 정책 실행 능력이 높다고 해도 정치 체제론으로 볼 때 결코 정당화되지는 않으며, 필리핀의 마르코스 체제나 인도네시아의 수하르토 체제 말기에 단적으로 나타났듯이 권력자의 자의나 특정 집단과의 유착을 초래하기 쉬운 '뒷모습'을 가지고 있다는 것도 확실하다. 그러나 개발주의 국가가 다양한 문제를 가지고 있기는 하지만 그 체제하에서 현저한 경제 발전을 이룬 사회가 크게 변화한 것은 틀림없는 사실이고, '겉모습'만 놓고 볼 때 그것을 보장한 구조의 하나가 국가의 자율성인 것이다.

단 구미 국가나 일본 등 민주주의 국가에서는 정치와 경제가 사회를 축으로 움직이기 때문에 국가의 자율성은 그다지 문제가 되지 않고, 동아시아 국가들에서도 1990년대에 민주화가 진행되어 시장 우위의 사고가 확대되면 거의 문제가 되지 않지만, 개발주의 국가와 성장을 생각할 때는 중요한 포인트가 되었던 것이다. 또한 최근의 정치학에서는 국가가 단일한 행위자로서 합리적인 정책을 만든다는 시각보다는, 실제로는 국가는 하나가 아니고 예를 들면 이미 재무부와 상공부의 부처간 이익 다툼과 같이 국가의 내부에는 이해가 다른 복수의 행위자가 있고, 그 균형과 타협으로 정책이 결정된다는 '신제도론'이 주류를 이루게 되었다. 동아시아 국가들의 경우도 개발주의 국가가 종료된 1990년대에는 이 시각이 타당하다고 생각되지만 1970~1980년대는 국가 행위자론이 실태를 보다 잘 설명할 수 있다.

3_동아시아 국가들의 경제 변화

세계 자본주의와의 연결

각 장에서 살펴보았듯이 동아시아 국가들은 개발주의 국가하에서 성장하여, 뒤늦게 농업국에서 공업 제품을 세계 시장에 수출하는 공업국으로 변화하였다. 동아시아 국가의 초기 개발 전략은 1950년대의 발전 도상국에서 광범위하게 채택되었던 수입 대체형, 즉 이때까지 선진 공업국에서 수입해 왔던 공업 제품을 자국에서 생산함으로써 경제를 풍요롭게 하는 전략이지만, 1960년대가 되자 세계 시장에 공업 제품을 수출함으로써 성장하는 수출 지향형으로 전환하였다. 이후 구미 자본이나 일본 자본을 국내에 유치해서 경 공업품을 생산하여 세계 시장에 수출하는 국제 가공 기지로 변모 하였다. 물론 예외는 있지만 이것이 동아시아 국가의 성장 패턴이 었다.

국민 소득으로 보아도 개발이 시작되기 전인 1960년대 초와 비 교하면 5개국의 신장 추세는 뚜렷하다. 세계은행이 매년 발표하는 '세계경제보고'는 세계 133개국을 1인당 국민소득에 따라서 '저소 득국', '저중 소득국', '고중 소득국', '고소득국'의 4개 유형으로 분류하고 있다. 그에 따르면 1995년의 경우, 싱가포르, 한국은 구 미 국가들과 마찬가지로 '고소득국', 말레이시아는 '고중 소득국', 인도네시아는 '저중 소득국'으로 분류되어 있다(대만은 국가로 보 지 않기 때문에 세계은행 통계에 등장하지 않지만 실질적으로는 한국 과 같은 정도의 고소득국에 속한다). 제3세계 내에서도 아시아, 아시 아 내에서도 개발주의 국가가 높은 성장을 이룬 것을 알 수 있다.

이런 동아시아 경제 발전을 역사적 시각으로 파악하면 어떨까?

그것은 개발주의 국가하에서 진행된 개발에 의해서 동아시아가 세계 자본주의 체제에 깊숙이 편입되었다는 것이 중요한 점의 하나라고 생각할 수 있다. 말할 필요도 없이 아시아 국가들은 이미 식민지 시기에 세계 자본주의 체제 내에 편입돼 있었지만, 당시는 선진 공업국의 일차 상품 공급국이라는 종속적 입장이었다. 그것이 개발주의 국가 시대의 경제 발전 과정에서 외국 자본 유치나 수출 지향 전략에 의한 수출 등 자본과 무역을 통해서 선진국 경제와 밀접한 관계를 가지는 데 이르게 되었다. 이것이 동아시아 성장의 중요한 요인이 되고, 또한 이로 인해 동아시아 국가들의 자본도 세계 자본주의에 동참하게 되었던 것이다.

  단 이때 유의해야 할 것은 아시아 경제가 세계 자본주의에 연결된 것이 좋은 결과만을 가져오지는 않는다는 것이다. 1997년의 아시아 경제 위기가 증명하듯이 현대 자본주의를 대표하는 세계의 핫 머니(hot money)(국제 금융 시장에서 움직이는 투기적 자금)의 좋은 목표물이 되어 국내 경제가 치명적 타격을 입는 마이너스 작용도 있었다. 나아가 이것은 개발주의 국가의 종언과도 연관이 있는데, 경제의 일체화를 통해서 좋든 싫든 개발주의 국가에 좋지 않은 나쁜 세계의 정치 사회 조류가 흘러들어오는 것은 불가피한 일이다. 민주화는 그 대표적인 것으로 이것은 다음 장에서 다루도록 하겠다.

아시아 후발국에 미치는 영향

동아시아 경제 발전은 개발주의 국가의 구조라고 하는 내부 요인과 세계 자본주의와 연결된 외부 요인의 결합에 의한 면이 컸다고 생각할 수 있지만, 1980년대의 아시아에서 나타나는 흥미로운 점은 이 개발주의 국가가 아시아 후발국의 개발에 크게 영향을 주었다는 것이다. 이것을 두 가지 면에서 설명하고자 한다.

하나는 지역 전체에 걸쳐 있다. 제2차 세계대전 후 아시아는 냉전의 영향을 받아서 자유주의 국가와 사회주의 국가로 분열되어 심하게 대립하였다. 한편은 자본주의 개발, 다른 편은 사회주의 개발의 방법을 이용하여 함께 경제 발전 경쟁을 하였다. 1980년대가 되자 그 결과가 확실해졌다. 자유주의 국가가 높은 경제 성장을 이룬 반면 사회주의 국가는 정체 상태에 머문 것이다. 경쟁에 패한 사회주의 국가가 경제 정체로 고통받는 와중에 1980년대 말, 소련 · 동유럽권 국가들에서 공산주의 체제가 붕괴되어 냉전이 끝났다. 이것은 아시아 사회주의 국가나 후발국의 개발 방식에 큰 영향을 미쳐 자본주의적 개발로의 전환과 개발주의 국가로의 접근이 나타났다. 중국이 '사회주의 시장 경제' 전략을 채용하였고, 베트남이 1986년에 '도이모이(쇄신) 정책'을 채용한 것은 자본주의적 개발로의 정책 전환을 상징적으로 보여 주었다. 개발주의 국가로의 접근은 ASEAN에 가입하지 않은 동남 아시아 국가들이 ASEAN

에 가입하는 것으로 나타났다. 1999년 4월에 ASEAN은 이미 가입한 6개국(인도네시아, 말레이시아, 싱가포르, 태국, 필리핀, 브루나이)과 아울러 동남 아시아 지역의 모든 국가가 가입하여, 글자 그대로 '동남아국가연합'이 되었다. 5개국의 성장이 지역의 후발국(베트남, 캄보디아, 라오스, 미얀마)들이 개발주의 국가 모델을 지향하는 데 큰 영향을 미친 것이다.

다른 한 가지는 국가별 움직임이다. 중국에서는 1980년대 후반에 개발이 본격화되었는데 이 무렵에 '신권위주의론'이 등장하였다. 일부 지식인들은 개발을 위해서는 한 사람의 권력자에게 권한을 집중할 필요가 있다고 주장하였다. 물론 이것에 의해서 중국이 개발주의 국가로 전환한 것은 아니지만, 이 이론은 분명히 그것을 염두에 둔 것이다. 개발주의 국가 모델을 모방하려고 한 점에서는 미얀마가 보다 두드러졌다. 미얀마에서는 1980년대 말에 민주화 운동이 본격화되어 국내외에서 강하게 군정을 비판했지만 군정은 자신들만이 미얀마의 개발을 촉진할 수 있다고 주장하고, 군이 권력을 잡고 형식적으로 골카르가 정부를 구성하는 인도네시아의 수하르토 개발주의 국가를 개발 모델로 선택하였다. 실제로 군정은 정부 고관을 인도네시아에 파견해서 인도네시아 모델의 이식을 연구하였다. 1998년의 수하르토 체제의 붕괴로 그 계획은 좌절되었지만, 미얀마 군정이 그것을 모델로 하려 했던 사실은 명백하였다.

베트남도 마찬가지이다. 도이모이 정책으로 전환한 후, 국가 주도형 개발을 진행한 베트남공산당은 한동안 싱가포르를 모델로 생각하였다. 베트남이 사회주의 국가이고, 싱가포르가 자유주의 국가로 정치 체제가 다를 뿐만 아니라, 싱가포르는 유명한 '반공국'이기 때문에 싱가포르를 모델로 삼은 것은 완전히 잘못된 선택이라고 생각되었지만, 실제로 양국의 정치 체제는 일당 독재(베트남공산당과 인민행동당)라고 하는 점에서 매우 유사성이 높았다. 그 때문에 베트남은 일당 독재를 유지하면서 개발을 진행하는 싱가포르를 모델로 삼았던 것이다.

개발주의 국가란 무엇이었는가?

이런 일련의 움직임에서 개발주의 국가 모델이 아시아 후발국의 개발에 강한 영향을 미쳤던 것을 알 수 있다. 1980년대 후반에 개발주의 국가는 그 대상 범위를 더욱 확대하는 움직임을 보였다. 그러나 아이러니하게도 개발주의 국가가 영역 확대를 시작한 바로 그때 개발주의 국가 내부에서는 그 종식이 시작되었다. 이 책에서 살펴본 것처럼 1980년대 후반 시민 사회의 활동이 활발해지면서 한국과 대만은 1987년에 민주제로 이행하였고, 인도네시아는 아시아 경제 위기가 맹위를 떨쳤던 1998년에 수하르토 개발주의 국가가 붕괴되었다. 이에 대해 말레이시아와 싱가포르는 변화하면서도

의연하게 지속하는 모습을 보여 주고 있다.

두 국가에 흔적이 남아 있긴 하지만 권위주의 체제와 국가 주도형을 중심으로 하는 개발주의 국가는 '정통성'을 잃었으며 붕괴했거나 끝났다고 해도 과언이 아니다. 여기에서 개발주의 국가가 붕괴했거나 끝났다고 하는 것은 단지 수하르토가 어쩔 수 없이 퇴진하고, 군정이나 일당 독재가 정치 무대에서 내려왔기 때문은 아니다. 제4장에서 살펴본 아시아 경제 위기 때의 말레이시아처럼 지금까지도 국가 주도형의 경제 사고나 운영이 일부 국가에 남아 있긴 하지만 개발주의 국가의 정치 지배의 근간을 이루었던 계엄령, 정당 결성의 금지 등 국민의 정치적 자유를 빼앗는 억압적인 정치 제도나 법령이 철폐되고, 국민의 정치적 자유가 회복되었다는 의미이다. 싱가포르와 말레이시아에서는 지금까지도 정치적 억압 제도가 남아 있지만 큰 흐름을 보면 이것은 예외에 지나지 않고, 개발주의 국가는 과거의 산물이 되어 가고 있다. 그렇다면 21세기에 들어선 지금 개발주의 국가는 동아시아 국가들에게 어떠한 의미를 가지고 있는 것일까?

이 책은 개발주의 국가가 20세기 후반의 동아시아 정치 경제 과정에 등장했던 매우 강력한 '국가 현상'이었다고 총괄해 보고 싶다. 독립 직후의 동아시아 국가들이 직면했던 과제는 그야말로 정치, 경제, 사회, 국제 관계, 안전 보장 등 모든 범위에 걸쳐 있었다.

식민지 지배로부터의 정치적 자립, 냉전 체제하에서 적대국과의 대립, 국가 통합, 사회 통합, 전통적 국가에서 근대적 국가로의 변신, 체제의 지지 기반 확립, 관료제의 정비 등 어려운 문제에 직면해 있었던 국가로서 개발주의 국가는 이들 과제를 한번에 해결해 주는 '마법'의 역할을 한 것으로 생각할 수 있다. 정치 체제론적으로 비판이 많지만 국가 통합과 사회 통합을 달성한 데다 중앙 집권화를 축으로 한 권위주의 체제는 상당히 좋은 성과를 거두었으며, 무엇보다도 경제 성장을 위한 총동원 태세를 가능하게 해주었다. 결국 개발주의 국가는 식민지 지배를 벗어나서 정치적 · 경제적 자립을 목표로 한 동아시아 국가들에게 있어 정치 체제, 경제 정책, 사회 관리가 하나가 된 '전체적'인 국가 체제였다고 할 수 있다.

그렇지만 이것은 지배자의 자의적인 논리에 지나지 않는다. 개발주의 국가에서는 사회의 의사가 완전히 무시되었으며, 이미 지적한 것처럼 밖으로 드러난 '긍정적'인 겉모습뿐 아니라, '부정적인' 뒷모습도 가지고 있었다. 부정적인 뒷모습의 대표적인 것은 폭력적인 권위주의 통치와 국가 주도형 개발에 따른 정치 권력과 경제의 유착이다. 전자는 국민의 정치적 자유의 억압이나 시민 사회 단체의 활동 제한에 집중적으로 나타났다. 후자는 많은 국가에서 정경 유착, 정실 기업, 가족 기업이라고 불리는 비뚤어진 경제 활동을 탄생시켜 본래 국민의 생활 향상에 사용되어야 할 자원이나

성과를 일부 특권층이 사적으로 낭비한 것으로 상징된다. 특히 그
중에서도 인도네시아에서는 그것이 수하르토 체제 붕괴 원인의 하
나가 되었다. 아시아가 성장하고 있던 때는 부정적인 뒷모습은 엄
격하게 책임을 묻지 않고 덮어 버릴 수 있었지만 지금은 그렇지 않
다. 시민 사회가 힘을 가지게 되었고 시대가 변했기 때문이다. 더
구나 개발주의 국가는 그것을 만들어 낸 환경이 변화하자 정치의
표면에서 자취를 감추어 가고 있는 것이다.

시민 사회를 둘러싼 문제

개발주의 국가의 종언과 동요는 그 형성과 마찬가지로 정치, 경제, 사회, 국제 관계 등 여러 요인이 복합되어 일어났는데, 그 중 이 책에서 관심을 기울인 요인은 시민 사회이다. 개발주의 국가가 추진한 개발은 도시에 집중되어 있었으며, 성장의 혜택을 가장 많이 받은 것은 중간층이었다. 1980년대에 이르면 많은 국가에서 도시 중간층이 참여하는 NGO가 활발해졌다. 물론 나라에 따라 차이는 있지만 중간층과 NGO만으로 민주화가 일어난 것은 아니다. 중요한 것은 NGO 활동과 함께 학생, 노동자, 종교 단체, 야당 등의 정부 비판이 거세어졌다는 것이다. 즉 중간층과 NGO 등 새로운 사회 집단의 등장이 야당, 학생, 노동자 등 기존의 정치 사회 집단의 재활성화를 촉진하고 이에 의해 개발주의 국가의 전성기에 억압되어 있던 시민 사회 영역이 확대되었으며, 개발주의 국가 비판과 민주화 운동이 본격화한 것이다. 민주화는 사회 특정 집단이 아니라 '총력'에 의한 것이었다.

이 장에서는 사회에 초점을 맞추어 왜 아시아에서 민주화가 일어났는지 그 일반적 요인과 시민 사회와의 연관성, 최근 많은 아시아 연구자의 관심을 받고 있는 중간층이란 무엇인가 등 앞으로 아시아 정치를 볼 때 키워드가 되는 시민 사회를 둘러싼 기본적 문제를 살펴보고자 한다.

1_민주화의 여러 양상

민주화를 촉진시킨 일반적 요인

미국의 정치학자 새무얼 P. 헌팅턴이 근대 세계의 민주화를 크게 세 가지 물결로 정리한 것은 이미 앞에서 소개한 바 있고, 아시아에서 민주화의 제3의 물결의 전파에 대해서도 서론에서 살펴보았다. 아시아에서 민주화 운동은 1986년 필리핀에서 시작되어, 한국, 대만, 중국, 미얀마, 태국, 1998년의 인도네시아로 이어졌다. 여기에서 우선 눈에 띄는 것은 인도네시아를 제외하면 불과 5년 정도의 기간 동안 연쇄적으로 민주화가 일어났다는 것이다. 좀더 주의 깊게 살펴보면 이 국가들은 동아시아에서 동남 아시아에 이르는 넓은 지역에 분산되어 있으며, 정치 체제도 군정(한국, 인도네시아, 미얀마), 공산주의 체제(중국), 일당 독재(대만), 개인 독재(필리핀), 왕제(태국)로 다양하고, 경제 발전 단계도 선발국(한국, 대만), 중진국(태국, 필리핀, 인도네시아), 후발국(중국, 미얀마)으로 전혀 다르다. 결국 아시아의 민주화는 개발주의 국가나 경제 성장, 국가의 정치 체제 등에 관계없이 일어났다고 할 수 있다. 이 장의 관심은 개발주의 국가에서 왜 민주화가 일어난 것인지 그 요인을 살펴보는 것이지만, 우선 민주화는 아시아의 큰 정치 조류의 움직임이었다는 것을 확인해 두는 것이 중요하다. 시민 사회와 관련된 요인은 뒤에서 다루기로 하고 여기에서는 각국에 공통되는 외부 요인을 거론해 보도록 하자.

첫째, 개발주의 국가를 둘러싼 국제 환경의 변화를 들 수 있다. 1960년대 개발주의 국가의 형성기에 국가는 국제적으로는 자유주의와 사회주의의 이데올로기 대립, 국내적으로는 국가 위기, 정치 사회 혼란, 경제적 후진성 등 여러 면에서 어려운 환경에 처해 있었다. 또 이 시기에 자유주의 진영의 국가는 반공을 내세우는 한 그것이 군정이거나 아니면 민주적인 체제이거나 그 정통성은 거의 문제시되지 않았다. 그러나 1980년대에 이르자 이것이 역전되었다. 냉전의 종식, 사회주의 국가의 붕괴 등에 의해 국제 정치 경제의 키워드가 '민주주의와 시장' 으로 변하여 권위주의 체제와 국가 주도형을 축으로 하는 개발주의 국가는 정통성을 잃었던 것이다.

둘째, 한국과 대만에서 언급했듯이, 지역적 요인으로서 필리핀의 마르코스 체제 붕괴를 들 수 있다. 왜 아시아에서 한 국가의 움직임이 아시아 전체의 민주화에 영향을 미쳤는지는 약간의 설명이 필요할 것이다. 1980년대가 되자 권위주의 체제에 대한 국내 사회나 국제 사회의 비판이 일시에 터져 나왔다. 그 중에서도 특히 필리핀의 마르코스 독재 정권은 이멜다 부인 등 일부 권력자의 특권과 부패에 대한 국민의 불만과 비판이 폭발한 대표적 사례이다. 그러나 마르코스 대통령은 국민의 비판을 무시하고 1986년 2월 대통령 선거에서 4선을 목표로 투표나 개표 조작을 통해 권력에 머물려 하였다. 이에 대항하여 1983년에 암살된 아키노 전 상원의원의 부인 코라손 아키노를 대통령 후보로 추대하고 마르코스 타도를 부르짖는 학생과 시민의 운동이 최고조에 달하였고, 연일 체제 부패와 정치 부정을 추궁하는 시위가 이어졌다. 이것을 보고 마르코스 체제를 지지하던 군의 일부가 이탈하여 결국 마르코스 체제는 붕괴되고 마르코스 대통령은 어쩔 수 없이 미국으로 망명을 하게 되었다. 아키노 여사를 지지하는 시민들이 황색 셔츠나 깃발을 상징으로 삼았기 때문에 이것을 '황색 혁명'이라고 부른다.

이 마르코스 체제 붕괴 과정은 제3장에서 살펴본 12년 후에 일어난 인도네시아 수하르토 체제 붕괴 과정과 놀라울 정도로 유사하다. 이것이 아시아 국가들의 민주화에 영향을 미쳤고 개발주의 국가의 독재자와 국민들에게도 교훈이 되었다. 즉 독재자는 이제는 민주화 없이 권력을 잡을 수 없다는 것을 알게 되었고, 국민들은 아무리 강한 독재자라도 국민이 결속하면 타도할 수 있다는 것을 알게 된 것이다.

셋째, 이미 언급했지만 미국의 영향을 들 수 있다. 개발주의 국가의 대부분은 결국 미국의 정치적·군사적 후원으로 체제를 유지해 왔는데, 특히 한국, 대만이 그랬다. 그러나 이 시기의 미국은 이미 지적했듯이 아시아의 동맹국에 대해서 민주주의를 정치 원리로 삼을 것을 요구하였다. 극단적으로 말하면 냉전 시대에 미국은 반공을 내세우기만 하면 어떤 정치 체제라도 지지했었지만, 1980년대가 되자 민주적인 체제를 선결 조건으로 삼았던 것이다. 이것이 분단 국가인 한국과 대만에게 큰 영향을 주었을 것이다. 한편 미국의 군사적·정치적 지원이 체제 유지와는 관계가 없었던 말레이시아와 싱가포르에서는 아직 민주화가 일어나지 않았다.

요컨대 개발주의 국가는 민주화 즉 제3의 물결이라는 세계적인 정치 조류를 배경으로, 여기에 앞서 거론되었던 외부 요인과 국내 사회의 변화라고 하는 내부 요인이 결합되어 종언되거나 붕괴된 것이다. 재미있는 것은 민주화 압력에 대한 개발주의 국가 3개국의 대응이 두 가지로 나타났다는 것이다. 그 하나는 한국과 대만으로, 군과 국민당이 권력을 유지하기 위해서는 민주화를 수용할 수밖에 없다고 판단하여 '위에서부터의 민주화'에 의해 권위주의 체제를 연착륙시켰다. 다른 하나는 인도네시아로, 독재자는 민주화를 거부했기 때문에 아래로부터의 힘에 의해 권력의 자리에서 끌려내려오게 되었다. 개발주의 국가의 권력자들간에 민주화에 대한 입장 차이가 있었다는 것은 매우 흥미로운 사실이다.

여기에서 개발주의 국가의 종언과 관련한 매우 흥미로운 논의를 소개해 보자. 제3세계의 경제 성장과 민주화는 많은 연구자의 관심을 모으는 주제의 하나로, 일부 경제학자들은 '2,000달러 가설'이라고 불리는 견해를 주장하고 있다. 이것은 가난한 개발 도상국이 경제 발전을 시작할 때 독재나 권위주의 체제에서 시작하였다고 해도, 1인당 국민소득(GDP)이 2,000달러를 돌파하면 중간층의 대두 등으로 사회 구조가 변화되어 권위주의 체제에 대한 비판이 일어나고 민주화가 시작되어 민주주의가 정착된다는 이론이다. 이것이 개발주의 국가에도 적용될지는 알 수 없지만 우선 사실을 확인해 보자. 3개국에서 민주화가 일어났던 당시 1인당 국민소득은 한국(1987년)이 3,275달러, 대만(1987년)이 5,166달러, 인도네시아(1998년)가 680달러였다(이것은 1997년의 루피아화 폭락으로 크게 감소했기 때문으로 위기 전인 1997년은 1,055달러이다). 반면 아직 민주화가 일어나지 않았던 국가는(1997년), 싱가포르가 3만 1,036달러,

말레이시아가 4,544달러이다. 여기서 알 수 있는 것은 한국과 대만에는 가설이 들어맞지만, 인도네시아에서는 그보다는 낮은 수치에서 민주화가 일어났고, 반대로 싱가포르와 말레이시아는 2,000달러를 넘었지만 민주화가 일어나지 않았다는 사실이다. 가설의 해당국이 세 가지 경우로 나뉜 것으로 보아 2,000달러 가설도 하나의 요인이 되지만, 민주화는 정치, 경제, 사회, 국제 문제 등 다양한 요인이 복합되어 일어난다고 이해하는 편이 좋을 것이다.

어쨌든 이렇게 하여 개발주의 국가가 종말을 맞이하고 권위주의 체제가 민주주의 체제로 이행하는 등 매우 극적인 정치 변동이 일어나서 독재자가 정치의 무대에서 쫓겨나게 된 것이다. 다만 이러한 민주화가 많은 국가들에서 시민 사회가 성장하는 요인이 되었다고 말할 수 있지만, 이것을 '혁명'이라고 부를 수는 없을 것이다. 그 이유는 간단하다. 민주화에 의해서 구체제의 지배 집단이 완전히 자취를 감춘 것은 아니기 때문이다. 오히려 한국에서는 군의 후계자, 대만에서는 국민당, 인도네시아에서는 군과 골카르가 신체제의 일원에 침투하여 살아남았을 뿐만 아니라 변함없이 유력한 정치 세력으로 계속 이어지고 있다. 따라서 민주화를 둘러싸고 구체제와 신체제는 부분적으로 연속되어 있다고 볼 수 있다.

두 단계의 민주화 과정

한국, 대만, 인도네시아에서 개발주의 국가가 잇달아 민주주의 체제로 이행하고, 성장이 이루어지지 않은 국가에서도 민주화 운동이 일어남에 따라, 아시아에서 아직도 민주화가 화제가 되는 국가는 사회주의 국가를 빼면 말레이시아와 싱가포르, 가산제 국가인 브루나이 등 불과 몇 개국에 지나지 않는다. 그렇다면 아시아에서 더이상 민주화가 주요 과제가 되지 않는다는 것일까? 이 책은 결코 그러한 것은 아니며 변함없이 중요한 과제라고 본다. 그 이유는 민주화는 두 단계의 과정을 거치기 때문이다. 제1단계는 권위주의 체제로부터 민주주의 체제로의 이행, 제2단계는 민주주의의 정착이다. 만약 이 입장에 선다면, 제1단계의 민주화는 권위주의 체제가 끝났다는 것에 핵심이 있으며, 그것이 끝난 후에 민주주의 체제가 정착했는지는 완전히 별개의 문제가 된다. 한국, 대만, 인도네시아 혹은 태국이나 필리핀은 이미 권위주의 체제의 국가가 아니라고 할 수 있지만 민주주의가 정착하였다고 자신 있게 말할 수 있는 사람은 거의 없다. 결국 대만, 인도네시아 등의 민주화는 제1단계에 지나지 않고 이것이 제2단계 정착의 과제로 연결된다. 물론 싱가포르와 같이 아직 제1단계를 끝내지 않은 국가도 있지만 아시아 전체로 보면 현재는 민주화의 제2단계가 공통의 과제가 된다고 보는 것이 좋다.

그렇다면 민주화의 제2단계에서 구체적인 과제는 무엇일까? 그 것은 민주주의를 정당, 노동조합, 학생 단체, 종교 단체, 농민 단체, 기업, 나아가 군인과 관료 등 모든 정치 행위자가 참가하는 정치 행동의 '규칙'으로서 받아들이는 것이라고 할 수 있다. 정치는 필연적으로 다양한 사회 집단의 '협조와 대립'을 통한 게임이기 때문에 민주주의(공평성과 대화에 의한 해결)를 게임의 규칙으로 받아들이는 것이 중요하다. 아시아의 많은 국가가 독립 직후에는 민주주의 체제에서 출발했지만 곧 군정이나 권위주의 체제를 취하여 민주주의의 시도가 실패했는데, 그 이유의 하나는 군이나 특정 정당이 정치 위기 극복을 명분으로 규칙을 깼던 데 있다. 아시아 정치의 과제가 이러한 점에 있다고 본다면 실제로 시민 사회에서는 권위주의 체제의 종언(민주화)보다도 민주주의의 정착에 대한 임무가 더 중요하다고 할 수 있다.

민주주의 정착에는 적어도 수십 년 혹은 더 오랜 시간이 필요할 것이라고 생각되는데, 그것을 향한 한국 시민 사회의 흥미로운 움직임은 이미 소개한 바 있다. 여기에서 하나의 예를 더 소개해 보자. 1992년 피의 민주화 사건으로 군인을 정치의 무대에서 퇴출시키는 데 성공한 태국의 시민 사회는 그 후 민주주의 정착을 위해 신헌법의 제정과 부패 정치의 추방에 초점을 맞추었다. 1996년 말에 발족한 신헌법기초위원회는 각 현에서 1명씩의 시민 대표(76명)

와 지식인(23명)으로 구성되었는데, 기성 정치 조직의 대표를 배제한 획기적인 조직이었다. 재미있는 것은 위원회가 정치가의 부패가 없어지지 않는 것은 정치가의 자질이 낮기 때문이라 보고, 만약 교육 수준이 높다면 틀림없이 부패에 대한 유혹에 빠지지 않을 것이라고 생각하여, 신헌법에 국회의원 입후보 자격을 대졸로 한정한다는 조건을 삽입한 것이다. 이것은 우리들의 상식으로 보면 교육에 의한 국민의 정치 참여 기회의 차별에 지나지 않으며, 민주주의 정착은커녕 오히려 민주주의에 역행하는 조치라고 생각할지도 모른다. 그러나 태국의 정치 사회적 현실에서 보면 이것이 부패 정치를 일소하는 최선의 정책이라고 생각할 수 있는 것이다. 이 사례에서 보듯이 아시아 국가들에서는 민주주의를 정착시키기 위한 다양한 모색이 시작되었고, 그 과정에서 일어나는 시행착오는 민주주의 정착을 위한 '학습 비용'이라고 볼 수 있다.

2_시민 사회의 역할과 실태

민주화 운동과 시민 사회의 연관성

그렇다면 개발주의 국가의 종언이나 민주화에 시민 사회는 어떻게 연관되어 있는 것일까? 아시아 5개국의 구체적인 모습은 이미 살펴보았으므로 여기에서는 아시아 전체의 약도를 그려 보고자 한다. 이해를 돕기 위해 우선 개발주의 국가가 등장하기 전의 아시아 사회의 모습을 살펴보기로 한다. 1950년대의 아시아 사회는 압도적 다수의 농민, 극소수의 대지주와 전통 산업가 등의 부유층, 거기에 종교 지도자나 관료 등의 지식인 엘리트로 나눌 수 있다. 이 전통적 사회에 개발주의 국가가 등장해서 사회가 변화하였다. 변화 후의 모습이 어떠한 것인지 정치 발언력을 기준으로 살펴보면 농민과 전통적 엘리트가 사회의 구석으로 밀려나 있고, 대신에 도시를 중심으로 한 공업 노동자와 중간층이 확대되었으며 거대 기업 그룹과 중소 기업을 경영하는 자본가층이 대두되었다. 이것이 아시아 사회의 구조 변화인데, 이것과 민주화 운동의 고양은 어떤 관계가 있을까?

좀 추상적일지 모르지만 사회의 정치 행위자와 시민 사회의 영역을 사용해서 설명하면 다음과 같다. 개발주의 국가가 등장하기 전에는 야당 외에도 노동조합, 학생 단체, 농민 단체, 종교 단체 등이 정치에 참여하고 있었다. 이들도 훌륭한 시민 사회 단체이고 이미 그 시기에 시민 사회였다. 그러나 개발주의 국가에 의해 이 단체들은 억압받거나 무력화되어 시민 사회의 영역이 극히 좁아지고 말았다. 그러나 성장 지상주의의 개발주의 국가하에서 미시 경제의 성장이라는 긍정적인 면만이 아니라 지역 격차, 소득 격차, 개

발에서 소외된 사람들, 개발에 따른 환경 악화 등 부정적인 문제가
대두되자 중간층을 중심으로 환경, 위생, 인권, 농촌 구제, 약자 보
호, 여성 보호 등을 목적으로 한 NGO가 등장하게 된다. 물론 중간
층 모두가 참가한 것은 아니고, NGO에도 적극적인 정치 참여형과
비참여형이 있지만 여기에서의 초점은 어찌되었든 그러한 활동에
의해서 개발주의 국가의 정치와 행정의 독점을 깨뜨렸다는 데에
있다. 중요한 것은 이 중간층의 새로운 운동이 학생, 농민, 종교 단
체 등 지금까지 억압되어 있던 운동을 다시 활성화시키는 효과를
가져왔다는 것이다.

1980년대가 되자 아시아 국가들에서는 이른바 신구 두 가지 유
형의 시민 사회 단체가 등장하여 그 활동을 통해서 국가와 시민 사
회의 역학 관계에 변화를 가져왔다. 개발주의 국가의 전성 시대에
는 국가가 사회를 관리·통제하고 명령했지만, 이제는 시민 사회
도 자신의 의사를 가지고 자신들이 만든 조직을 통해서 왜 국가의
엄격한 사회 관리가 필요한지, 정치적 자유를 인정하지 않는지에
대한 불만이나 비판을 던질 수 있게 되었다. 이것이 시민 사회 단
체의 확충, 시민 사회 영역의 확대이며 그 정치적 표현이 민주화
운동이 된 것이다. 물론 시민 사회 영역의 확대가 곧 민주화라고
단순하게 말할 수는 없지만, 시민 사회의 영역이 확대되지 않았다
면 민주화 운동은 본격화되지 않았을 것이다. 또한 민주화 운동은

오로지 특정 집단의 힘(예를 들면 중간층)에 의한 것이 아니고, 야당, 노동조합, 농민, 학생, 중간층 등 시민 사회의 '협동 작업'에 의한 것이었다.

이것이 이 책이 생각하는 민주화 운동과 시민 사회의 관련 구도이지만 이것은 어디까지나 '모델'이고 모든 국가가 여기에 딱 들어맞는 것은 아니다. 마찬가지로 개발주의 국가 중에서도 말레이시아와 싱가포르에서는 아직 민주화 운동이 본격화되지 않았고, 중간층의 정치 참여도 그다지 적극적이지 않다(단 양국에서도 시민 사회 영역이 확대되기 시작한 정도까지는 모델과 동일하다). 또한 NGO의 활동 실태도 국가에 따라 차이가 있을 뿐 아니라, 실제로는 개발주의 국가보다도 필리핀이나 방글라데시 등 그렇지 않은 국가 쪽이 활발하다. NGO와 정치 체제의 관계가 어떠한 것인가는 매우 흥미롭다. 일반적으로 권위주의 체제가 아니고, 중앙 집권화가 강하지 않으며, 국가의 행정 체계가 약해서 행정 능력이 부족하고, 경제 자원이 부족한 국가에서는 NGO가 활동하게 되는 경향이 강하다고 말할 수 있다. 어쨌든 여기에서는 개발주의 국가에서 NGO가 대두해서 정치에 참여하였다는 것을 확인해 두는 것으로 충분하다.

더구나 시민 사회의 형태도 국가에 따라 상당한 차이가 있음에 유의할 필요가 있다. 예를 들면 한국, 대만, 인도네시아에서는 민주화 운동이 최고조에 달했을 때는 모든 사회 집단이 시위, 집회, 폭동 등을 통해 가두로 뛰쳐나와 수십만 규모, 많을 때는 한국에서처럼 180만 국민이 참여하였다. 이에 비해 말레이시아와 싱가포르에서는 국민의 가두 행동이 거의 없었고, 말레이시아의 안와르 부총리 해임 항의 시위에서도 지지자의 가두 행동은 수만 명 규모에 지나지 않았다. 물론 이런 차이가 나타나는 원인은 실제로 민주화 운동이 고양되어 있는 국가와 그렇지 않은 국가의 차이이고, 정치 문화의 차이이다. 즉 대중 운동형(한국과 인도네시아)과 엘리트 지배형(말레이시아와 싱가포르)의 차이도 작용하고 있을 것이다. 어쨌든 같은 개발주의 국가에서도 권력의 방식에 미묘한 차이가 있는 것처럼 시민 사회도 그 실태나 행동 양식에 차이가 있다는 점을 유의해야 한다.

아시아 성장의 부산물과 정치적 보수, 두 가지 얼굴을 가진 중간층

아시아의 시민 사회의 실태를 둘러싼 문제를 언급하였는데 여기에서 지금까지 이 책에 자주 등장하고 또 많은 사람들이 시민 사회와 밀접한 관련이 있다고 생각하는 중간층이란 무엇인가, 그것이 아시아 정치에서 가지는 의의는 무엇인가를 살펴보고자 한다.

개발과 성장에서 아시아는 전통적 사회에서 근대적 사회로 농업국에서 공업국으로 전환하였는데, 그 변화를 단적으로 보여주는 것이 도시화와 소비화 현상이다. 현재 아시아에서 지하철이나 모노레일 등 근대 도시 교통을 가진 국가는 한국(서울), 대만(타이베이), 홍콩, 말레이시아(콸라룸푸르), 싱가포르, 태국(방콕)으로 증가하였다. 이들 대도시에서는 시내의 고속도로망도 정비되어 지하철이나 고속도로는 당연한 풍경이 되었는데, 이 6개 도시 중 4개 도시가 개발주의 국가에 속한다. 도시의 인프라뿐만이 아니라 소비 생활도 바뀌었다. 1980년대가 되자 자동차의 보급이 시작되고 근대적 아파트와 도시 교외의 단독 주택을 구입하는 사람들이 증가하였다. 이 도시 소비 생활의 최대 수익자가 중간층이다. 중간층은 도시에 빽빽이 들어찬 백화점, 쇼핑센터, 패스트푸드점의 이용자로, 자가용, 휴대전화, 신용카드, 위성 TV, 인터넷이 생활의 일부가 되었으며, TV 광고나 새로운 신문·잡지는 그들을 대상으로 하고 있다. 중간층의 생활 유형은 도상국이면서도 선진국의 도시 소비 생활과 거의 비슷하다. 도시에 한정해서 말하면 아시아는 1970년대 개발 시대의 '생산형'에서 1990년대에는 '소비형'으로 이행하였다고 할 수 있는데 중간층의 특성이 이것을 상징한다. 요컨대 그들은 아시아 개발과 성장의 '부산물'인 것이다.

이 중간층의 사회적 특성은 이미 살펴본 바와 같이 고학력, 전문 지식, 비교적 높은 수입, 도시 거주라는 점에 있다. 직업은 화이트칼라, 변호사, 회계사, 의사, 교수, 언론 관계자, 외국계 기업이나 대기업의 중간 관리자, 정부 행정 기관의 중·하급 직원 등이 주를 이룬다. 엄밀히 말하면 사회학에서는 전통적 사회의 중소 지주나 자영업자 등을 '구중간층'이라고 부르고, 이것과 구별하여 그들을 '신중간층'이라고 부르지만, 이 책에서는 편의상 중간층이라고 부르고 있다. 개발에 의해 중간층이 어떻게 증가하고, 인구에서 차지하는 비율이 어느 정도인가는 이미 살펴보았다. 물론 인도네시아처럼 넓은 농촌을 가진 국가에서는 중간층의 비율은 여전히 낮지만 정치 경제의 중심인 도시에서는 중간층의 대두가 두드러진다.

그렇다면 왜 중간층에 주목해야 하는가? 그 이유는 라이프 스타일과 가치관에 있다. 지금 살펴본 것처럼 라이프 스타일에 있어 아시아의 핵심어는 개발의 시대에 '생산'에서 1990년대에는 '소비'로 변했으며 그것은 중간층을 통해서 나타나기 때문이다. 정치와 관련해서 무엇보다 중요한 것이 이들의 가치관이다. 그 이유는 중간층은 교육 수준이 높고 생활 유형도 전통적 양식에서 탈피하고 있기 때문에 자국의 전통 문화를 고집하지 않고 세계의 정치, 경제, 문화의 움직임에 깊은 관심과 적응력을 가지며, 세계적인 가치관을 공유한다고 생각되기 때문이다. 이미 살펴본 것처럼 개발주의 국가의 민주화 운동에서는 실제로는 중간층보다도 야당, 학생, 노동자, 농민 등이 결정적인 역할을 했지만, 중간층에게 초점이 맞쳐진 것은 다름 아니라 그 '목소리가 크기' 때문이다. 목소리가 크다는 것은 지금 설명했듯이 중간층이 현대 세계의 지배적인 가치관(예를 들면 민주주의나 시장)에 관심을 가지고 동조하며 그것을 세계 공통어인 영어로 표현하는 능력이 있다는 의미이다. 결국 중간층은 사회의 일부에 불과하지만, 그 사회적 성격 때문에 다른 집단(예를 들면 농민)에 비해 가장 먼저 세계에 받아들여지는 경향이 있고, 아시아의 움직임을 전하는 선진국의 미디어에 대해 대변인의 역할을 하고 있다는 점이다. 중간층과 민주화 운동에 대한 재미있는 에피소드가 있다. 일반적으로 개발주의 국가의 정부는 TV, 라디오, 신문 등 매스미디어를 관리해서 정보를 엄격하게 통제하고 있지만, 민주화 운동에 참가한 일부 중간층은 정보를 통제하는 국가에 대해서 휴대전화, 팩스, 인터넷을 무기로 대항하고 있다고 한다. 이것은 바로 중간층이 라이프 스타일을 활용한 것이다.

이 같은 사회적 특성을 가진 것이 다른 사회 집단보다 중간층이 주목받게 된 이유이지만 단지 이것이 중간층의 전부라고 생각한다면 그 실상을 잘못 파악할 위험성이 있다. 지금 설명한 것이 '진보적'인 얼굴이라고 한다면 실은 또 하나의 얼굴을 가지고 있기 때문이다. 그것이 '보수적'인 얼굴이다. 이미 제5장의 싱가포르에서 지적했듯이 중간층은 경제 성장의 최대 수익자층으로 사적 생활의 영역에서 폐쇄적이며 물질적 생활이나 사회적 지위를 지키려는 경향이 강하다. 이것은 생각해 보면 당연한 것일지도 모른다. 그들은 개발주의 국가하에서 전문가 지식인으로서 경제 발전에 공헌하고 체제를 지지하는 주요한 사회 집단이 되었는데, 이로써 높은 소득, 풍요로운 소비 생활, 근대적인 개인 주택과 자가용 등 개발이 가져다 준 물질적 생활을 향유하게 되었다. 여기에서 현재의 생활을 지키는 현상 유지라는 행동 양식이 파생되었고, 이것을 정치 행동으로 바꿔 말하면 체제 유지의 '보수적' 행동이 되는 것이다.

태국의 1992년 피의 민주화 운동을 관찰한 일부 연구자 사이에서는 실제로 처음부터 적극적으로 참여한 것은 생활고에 찌든 도시 노동자와 농민 등 저소득자였고, 중간층은 운동의 절정에 이르러서야 겨우 얼굴을 내민 데 지나지 않는다는 날카로운 지적이 있다. 이것은 그들이 가진 또 하나의 얼굴을 잘 보여 주고 있다. 또한 아시아 각국의 중간층의 의식과 행동 양식을 체계적으로 연구한 오스트레일리아의 연구자들은 중간층이 정치에는 무관심하고 물질적 생활을 고집하는 경향이 강하다는 이유로 'new rich'라고 이름지었는데, 이것도 그들의 사회적 성격의 한 단면을 잘 보여 주고 있다.

요컨대 중간층은 문제를 내포하여 파악하기 힘든 존재이다. 그렇지만 성장에 의해서 아시아의 국가들에서 중간층이 확대된 것은 확실하고 아시아 정치를 생각할 때 그것을 무시할 수 없다는 것도 사실이다. 어쨌든 여기에서는 중간층이 민주화 운동에 갖는 의의는 실제로 가두에 나가서 권위주의 체제 비판의 시위나 집회에 참여하였다는 것보다도, 중간층의 사회적 대두에 의해서 시민 사회의 개념을 부활시켜(혹은 새롭게 만들어 내어) 시민 사회의 영역을 확대한 데에 있다고 총괄할 수 있다. 그렇다면 시민 사회라는 것은 무엇인가, 왜 앞으로 아시아 정치에서 중요성을 띠는 것인가를 다시 생각해 보도록 하자.

3_시민 사회를 둘러싼 문제

아시아 정치를 분석하는 도구로서의 시민 사회

서장에서 설명한 바와 같이 시민 사회를 파악하는 방법은 국가나 지역에 따라서 다르고, 개념이나 기능에 대해서도 논자에 따라 많은 차이가 있다. 극단적이지만 하나의 예를 들어보자. 마르크스주의 국가에서는 부르주아가 지배 계급이라고 생각하고, 이 부르주아의 사회를 시민 사회라고 부른다. 이것도 시민 사회를 보는 시각의 하나이지만 이것을 사용해서 현대 아시아 정치를 분석하려고 하는 것은 거의 도움이 되지 않는다. 그것은 단지 정치와 경제에서 차이가 있다는 것뿐만 아니라 시대와 지역이 다르다면 그 의미도 달라지는 경우가 있다는 것에 기인한다. 유감스럽지만 지금은 연구 분야(예를 들면 정치와 경제)나 대상 지역(예를 들면 일본과 아시아)을 초월한 공통된 이해가 없는 것이 현실이므로 시민 사회의 개념을 새롭게 정립해야 하는 것이 불가피한 상황이다.

이 책이 생각하는 시민 사회의 정의는 이미 서론에서 살펴보았다. 단 그것은 '단체'가 중심이었던 것이며 여기에서는 주로 '영역'에 초점을 맞추어 설명하고자 한다. 우선 현대 정치학에서 시민 사회를 보는 두 가지 견해를 소개하고자 하는데, 이것은 아시아 정치 분석에서 시민 사회를 이해하는 데 도움이 될 것이다. 하나는 유럽 정치학자의 시각으로 국민이 정치, 경제, 사회의 영역에서 만드는 공적·사적인 다양한 단체의 활동 영역, 바꿔 말하면 한 국가에서 국가 이외의 모든 영역이 시민 사회라고 이해하는 것이다. 다른 하나는 현대 미국 정치학자들의 시각으로 사회 단체의 활동이 공적 영역과 사적 영역으로 나뉘어, 공적 영역에서 활동하는 단체가 시민 사회라고 이해하는 것이다. 두 가지 견해는 국가 이외 단체의 활동 영역이라고 하는 점에서는 같지만, 미국형은 공적 영역에서 활동하는 것이라는 조건을 붙여 그 영역을 좁게 설정하고 있다. 단지 공통적으로 시민 사회 단체는 교회, 노동조합, 기업, 학교, 공동체 조직 등으로 이루어진다고 생각하는 점에서는 일치한다. 이 책은 이 두 가지 견해 중 민주화와 관련해서는 미국형의 견해가, 앞으로 소개할 민주주의 정착과 관련해서는 유럽형의 견해가 유용하다고 생각한다.

그렇다면 현실의 아시아 정치 내에서 시민 사회를 어떻게 파악하면 좋을까? 구체적으로 어떤 조직이나 단체가 시민 사회 단체인가는 매우 어려운 문제로 연구자에 따라 견해가 달라 그것을 체계적으로 살펴보는 것은 필자의 능력 밖의 일일 뿐만 아니라, 이 책의 목적에도 맞지 않는다. 여기에서는 시민 사회란 무엇인가를 조금이라도 명확하게 하기 위해 몇 가지 기본적 문제를 정리해 보려한다.

첫째, 일반적으로 NGO나 중간층이 주체인 전문가 단체, 인권 옹호 단체, 환경 보호 단체를 시민 사회라고 보는 일이 많지만 결코 그렇지 않다. 국가 이외의 단체가 시민 사회라는 시각에 따르면, 노동조합, 학생 운동, 농민 단체, 종교 단체도 훌륭한 시민 사회 단체이고, NGO는 그 하나에 불과할 뿐이다.

둘째, 이것은 조금 전문적인 논의이지만, 제3장에서 살펴본 인도네시아의 이슬람지식인협회와 같이 자율적으로 만들어진 단체라도 실제로는 국가가 강한 영향력을 행사하고 있는 것도 적지 않다. 그 때문에 이것을 시민 사회 단체에 포함시켜야 하는지의 문제가 발생한다. 이 점에 대해서 정치학에서는 국가 주도로 창설되어 국가에 의한 사회 관리의 보조 기관적 성격이 강한 것을 '국가 협조주의', 사회 단체의 자율성이 강하여 국가의 지배가 거기에 의존하고 있는 것을 '사회 협조주의'로 나누어 구별하고 있다. 지역으로 말하자면 전자는 아시아나 라틴 아메리카에, 후자는 유럽의 국가에 많이 나타난다. 단지 아시아의 시민 사회의 실태를 생각할 때는 전문적 연구가 아닌 한 이것을 너무 엄밀하게 따질 필요는 없고, 국가 이외의 단체가 그런 성격이라고 폭넓게 이해하는 것으로 충분하며, 이것도 시민 사회 단체에 포함해도 좋을 것이다.

셋째, 최근에는 이 책에서 다룬 자유주의 국가뿐 아니라 중국이나 베트남 등 사회주의 국가에서의 시민 사회 연구도 활발한데, 사회주의 국가에 시민 사회가 있는가 하는 문제가 제기된다. 우선 형식적으로 살펴보면 중국과 베트남 등 사회주의 국가는 계획 경제와 전체주의 체제를 특징으로 한다. 전체주의 체제란 말하자면 국가가 100% 사회를 통제·관리하는 것으로 이 체제하에서는 원리적으로 국가로부터 자율적인 사회 단체는 존재할 수 없다. 이에 비해 개발주의 국가는 자본주의 경제와 권위주의 체제를 특징으로 하는 것으로, 국가의 사회 관리가 엄격하다고는 하지만 비유적으로 말하면 100%가 아니라 50%나 70%만 관리되기 때문에 자율적인 사회 단체, 즉 시민 사회의 영역이 존재할 수 있다. 이것이 두 가지 체제의 원리적인 구도이다. 그러나 현실적으로 국가의 동태를 살펴보면 그 응용이 필요해진다. 예를 들면 싱가포르는 권위주의 체제의 국가이지만, 실제로 그 정치 체제는 전체주의 체제에 가깝고, 시민 사회의 관리도 사회주의 국가에 가깝다. 반면, '개혁·개방' 정책으로 전환한 후의 중국은 정치 영역에서는 100% 공산당 일당 지배가 지속되고 있지만, 경제 영역에서는 부분적으로 사유 재산제나 민간 기업을 인정하고, 실제로 시민 사회 단체가 생겨나 시민 사회의 영역이 확대될 수 있는 길이 열렸다. 또한 서론에서 소개했듯이 동유럽 국가들에서는 공산주의 체제하에서도 시민 사회가 살아남았다. 더구나 시민 사회의 영역을 둘러싼 문제는 정치 체제에 맞춰 기계적으로 재단할 수 있는 것이 아니라, 아시아 각국의 동태에 맞추어 생각할 필요가 있다.

넷째, 이것도 이미 서술한 것이지만 다시 말해 두면, 시민 사회의 기능을 둘러싼 문제이다. 가끔 시민 사회는 권위주의 체제 비판이나 민주화의 추진 등 정치 활동이 주요 기능이라고 여겨지지만, 이것은 여러 가지 기능 중 하나일 뿐이다. 원래는 정치 활동뿐 아니라 경제 활동, 사회 활동도 시민 사회의 활동이라 할 수 있다. 예를 들면, 환경 보호, 소비자·약자 구제, 공동체 조직, 문화 활동, 기업 활동을 들 수 있다. 반복되는 이야기지만 시민 사회라는 것은 국가 이외의 사회 단체의 활동 영역을 가리키며, 반드시 정치 영역일 필요는 없다.

이상으로 아시아 정치와 시민 사회를 둘러싼 몇 가지 기본적 문제를 정리해 보았는데 결코 이것만으로 충분하다고는 할 수 없다. 시민 사회가 최근에 들어 주목받기 시작했기 때문에 아직 뚜렷한 개념 없이 각기 다양한 용법으로 사용되고 있는 실상이어서, 앞으로는 시민 사회의 다양한 측면에 초점을 맞추어 정의를 포함한 기능과 실태를 종합적으로 파악하는 것이 시민 사회 연구자의 과제 중 하나라고 할 수 있다. 단지 한마디를 덧붙이자면, 일단 사회과학을 표방하는 책에서 이렇게 말하면 일부 연구자들은 눈살을 찌푸릴지도 모르지만, 시민 사회가 무엇인가를 고찰할 경우, 엄밀한 정의가 요구되는 전문적 연구가 아닌 한 구체적으로 어떤 조직이나 단체가 시민 사회 단체이고 어떤 것이 시민 사회 단체가 아닌가에 대해 자세하고 포괄적인 리스트를 만드는 데에 정력이나 돈을 낭비하는 일은 그다지 의미가 없다. 그보다도 기능에 주목하여 어떠한 단체나 조직이 시민 사회의 어떠한 기능을 하고 있는가, 하지 않는가를 살펴보는 편이 생산적이고 현실적인 정치·경제 분석으로서 의미가 있을 것이다.

민주주의의 정착을 이루는 시민 사회의 역할

이 책에서는 개발주의 국가의 민주화와 관련해서 시민 사회를 살펴보았는데, 마지막으로 그것 이상으로 중요하다고 여겨지는 시민 사회의 다른 기능을 다루고자 한다. 그것은 민주주의의 정착을 이루는 역할이다.

　정치학에서는 시민 사회가 정치에서 행하는 역할은 두 가지라고 지적한다. 하나는 이 책에서 살펴본 권위주의 체제의 민주화 기능이고, 다른 하나는 민주주의가 잘 기능하기 위한 사회 토양을 제공하는 기능이다. 여기에서는 후자에 초점을 둔다. 이 견해는 구미 사회를 염두에 둔 것으로, 이에 따르면 민주주의는 어떠한 사회에나 뿌리내리고 기능하는 것이 아니라, 주민의 자발적이고 자율적인 단체가 발달한 사회에서만 활발히 기능하며 안정성을 갖게 된다. 바꿔 말하면 시민 사회가 없는 사회에서는 민주주의가 원만히 성장할 수 없다는 것이다. 이 가설은 미국의 정치학자 로버트 퍼트넘(Robert Putnam)이 주장한 것으로 그는 자발적·자율적 단체를 '사회 자본(social capital)'이라고 불렀다. 재미있는 것은 모든 것이 공적 영역에서 활동하는 정치적 단체일 필요가 없고, 야생조류 보호단체나 학부모-교사 모임(PTA), 축구 팬클럽이라도 상관없다는 것이다. 이 시민 사회의 정의는 앞서 살펴본 유럽형 견해에 기초한 것인데, 아시아에서는 퍼트넘이 주장한 기능을 정말로 시민 사회가 수행하고 있는지에 대한 의문이 생겨났고, 구미 국가의 일부 연구자 사이에서도 시민 사회가 민주주의와 의미 있는 관련을 가진다는 것에 대한 비판적인 견해가 나왔다.

　이처럼 퍼트넘의 가설은 논란을 불러왔지만, 이 책은 민주주의의 정착을 이루는 시민 사회의 원리적 기능에 주목하고 싶다. 이미 지적했듯이 앞으로 아시아 정치에서 중요한 것은 권위주의 체제의 민주화보다도 민주화된 체제에 어떻게 민주주의를 뿌리내릴 것인가에 있으며, 그때 퍼트넘의 가설은 많은 참고가 될 것이다. 민주주의의 정착은 궁극적으로는 국민 한 사람 한 사람의 행동 속에서 모색되어야 하며, 만일 아시아의 시민 사회에 퍼트넘이 주장한 기능이 없다면, 어떻게 해야 그것을 이룰 수 있을지, 그것을 저해하는 요인은 무엇인지 깊이 생각해야 할 것이다. 또한 그 결과 시민 사회가 그 기능을 다할 수 없다면, 무엇이 그것을 대신할 수 있는지 검토해야 한다. 결국 퍼트넘의 가설은 아시아의 정치에서 앞으로 시민 사회가 무엇을 해야 하는지를 가르쳐 주고 있다. 1990년대에 마하티르나 리콴유에 의해 주창되어 아시아 사회와 구미 사회의 차이를 강조하는 아시아형 민주주의론이 개발주의 국가에 이론적 근거를 제공했다면, 퍼트넘의 가설은 시민 사회에 국가 우위의 구조를 갑자기 붕괴시키는 이론적 근거를 제공하고 있다는 데 의의가 있다.

이렇게 생각하면, 시민 사회는 단순히 개발주의 국가나 권위주의 체제의 국가만이 아니라, 민주주의 국가나 사회주의 국가를 막론하고 모든 정치 체제, 모든 국가에 중요하다는 것을 알 수 있다. 결국 지금까지 아시아에 있어서 시민 사회는 국가와의 관련(권위주의 체제의 민주화, 국민의 정치 참여 확대)으로 주목받아 왔고, 이 책에서의 관심도 주로 거기에 있었다. 그러나 21세기의 아시아 정치에서는 민주주의 정착과 다양한 사회 집단의 융화와 공존을 어떻게 추진할 것인가가 중요하다고 볼 수 있는데, 거기에는 시민 사회와 국가의 관계 유형보다도 시민 사회 본연의 자세가 중요해지고 있다. 이 경우에는 유럽형의 견해가 아시아 모든 국가의 정치를 분석하는 유효한 개념이 될 것이다.

현대 아시아 정치의 진로

이 책에서는 아시아 5개국을 대상으로 개발주의 국가와 시민 사회, 두 가지를 축으로 하는 정치 과정의 상호 작용을 살펴보았다. 구체적으로는 개발주의 국가하에서 성장이 추진되면서 국가를 둘러싼 국내외의 정치, 경제, 사회의 다양한 요인이 변화하고, 이것이 결국은 개발주의 국가의 종식으로 연결되었으며 시민 사회가 국가를 대체하는 형태로 대두하였음을 확인하였다. 그렇지만 개발주의 국가가 종식된다고 해도 국가가 없어진 것은 아니며, 시민 사회의 영역이 확대된다고 하여 그것으로 모든 것이 해결되는 것도 아니다. 아시아에는 아직 많은 문제와 과제가 남아 있다. 마지막으로, 향후 국가는 어떻게 될 것인가, 시민 사회의 과제는 무엇인가, 아시아 정치가 어떤 방향으로 나아갈 것인가에 대해 생각해 보도록 하겠다.

문제시되는 국가의 의의

1970년대 개발주의 국가의 전성 시대에는 정치와 경제, 사회 활동이 대체로 한 국가를 단위로 하여 그 영역 내에서 전개되어 왔으나 오늘날은 환경이 변화되었다. 물론 이미 이 당시에도 한 국가를 넘어서는 정치, 경제의 움직임이 있긴 했으나 국가가 절대적이라는 사고를 기초로 각 국가가 영역 내에서 독자적인 국가 건설에 힘써 왔다. 그러나 21세기에 들어선 현재, 산업 기술의 비약적인 진보로 새로운 수단이 등장하였고, 용어는 같아도 그 의미가 달라진 경우가 많다. 무엇보다도 인터넷은 이 새로운 수단을 상징한다. 인터넷의 출현으로 정보가 한 국가의 영역을 넘어서 짧은 시간에 세계로 전달될 수 있게 되었다. 위성 통신의 발달로 한 국가에서 발생한 일이 텔레비전으로 세계에 생중계되기에 이르렀다. 이 덕분에 1989년에 발생한 비극적인 천안문 사건이나 1998년 역사적인 수하르토의 퇴진을 전세계 사람들이 지켜볼 수 있었다. 만일 국가가 이러한 미디어를 규제하거나 정보를 통제하려고 한다면, 그것은 조선시대나 일본 에도[江戶] 시대의 '쇄국' 상태에 해당하는 일이 될 것이다.

사람도 국가를 초월하게 되었다. 개발의 목적 중 하나는 국민에게 노동의 기회를 제공하는 것에 있는데, 이제 사람들은 급여가 높고 보다 매력적인 고용 기회를 찾아 비행기로 쉽게 국제적 노동 이동을 한다. 기업도 마찬가지로, 동아시아의 경제 성장과 함께 발전한 거대 기업은 아시아와 세계 시장에 다각적으로 투자하여 다국적 기업화하였다. 한국의 현대그룹, 홍콩의 리카싱그룹, 인도네시아의 살림그룹이 그 대표적 기업으로, 이미 다국적 기업은 서구나 일본 기업의 전유물이 아니다. 지역 경제권과 지역 기구도 국가를 초월하는 움직임의 하나로 들 수 있다. 지역 경제권은 복수의 국가(지역)가 모여서 하나의 생산권이나 소비권을 형성하는 것을 의미하는데, 동아시아 국가들이 경제 개발에 착수했던 1960, 1970년대에는 존재하지 않았으나 1990년대가 되면서 실체를 갖춘 것과, 계획·구상 단계의 것을 포함하여 10개가 넘는 경제권이 탄생하였다. 지역 기구는 1967년에 결성된 ASEAN을 축으로 하여 ASEAN 지역포럼(ARF), 아시아태평양 경제협력회의(APEC), 동아시아 경제협력체(EAEC), 남아시아 지역협력연합(SAARC) 등이 존재하며, 현재 아시아 역내 국가들과 역외 대국을 포함하는 지역 기구의 수는 크게 늘었다. '글로벌화'나 '무국경(borderless)화'라는 이름하에 출현한 이러한 현상으로 오늘날 아시아는 마치 개발주의 국가 시대를 겪지 않았던 것처럼 보인다.

개발주의 국가가 종식된 이후 아시아의 동향은 두 가지로 나타난다. 첫째, 앞으로 아시아 정치를 생각할 때는 앞서 지적한 비정치 요소를 무시할 수 없다는 것이다. 정치 이데올로기가 지배했던 시대에는 정치가 경제와 사회의 상위에 있었지만 냉전이 종결된 지금은 이것이 역전되었다. 정보나 인적 자원의 국제 이동, 다국적 기업, 지역 경제권, 지역 기구는 21세기 아시아 정치의 진로를 나타내는 움직임이기도 하다. 둘째, 국가의 의의와 역할이 희미해지고 있다는 것이다. 국가가 문제시되고 있음은 1997년 아시아 경제위기에서 명백하게 나타났고, 많은 아시아 국가의 통치(governance)가 뚜렷하게 저조해졌다. 통치라고 하면 어렵게 들리지도 모르지만, 여기서는 정부에게 '정책 형성·실행력'이나 '응답성' 등 통치 능력이 있는가 하는 의미로 사용하고 있다. 개발주의 국가의 전성시대에는 모두 강하고 안정된 국가인 것처럼 보였으나 경제 위기가 발생하자 그 당시까지는 나타나지 않던 국가의 통치 능력의 문제가 주목받게 되었다.

이처럼 국가가 문제시되는 가운데, 아시아 각지에서는 오래 전부터 존재해 온 새로운 문제가 폭발하였다. 민족이나 종교를 원인으로 한 분쟁이 바로 그것이다. 인도네시아의 경우, 아체특별주, 말루쿠 주, 동티모르 주 등에서 분쟁이 자주 발생하였는데, 그 원인은 민족, 종교, 지역에 있다. 인도에서도 1990년대가 되자 정치 대립이 첨예화되었는데, 그 원인은 힌두교 대 이슬람교에 있다. 1950년대의 대립이나 분쟁의 주된 원인은 민족, 종교, 냉전 이데올로기에 있었으나 개발주의 국가의 시대에는 대체로 잠잠하였다. 그러나 개발주의 국가가 종식된 지금, 다시 민족, 종교, 지역이 주요한 분쟁 원인이 되고 있는 경우가 많다. 이것은 아시아뿐만 아니라 옛 유고슬라비아 등 유럽에서도 마찬가지로, 아시아를 비롯하여 세계가 마치 1950년대로 역행하는 것처럼 보인다. 그 이유는 무엇일까?

이는 아시아 국가와 사회가 과도기에 놓여 있다는 것과 밀접한 관련이 있다. 이상하게 들릴지 모르지만 국가의 불안정화나 민족이나 종교를 둘러싼 분쟁의 빈발은 민주화에 따른 권위주의 체제의 붕괴와 민주적 정부의 등장에 주요 원인이 있다. 이미 신생 국가가 탄생할 때부터 민족, 종교, 지역이 원인이 된 분쟁이 많이 발생하였지만 개발주의 국가 시대에는 그 수단에 문제는 있으나 강권을 행사하여 민족이나 종교를 주장하는 집단을 탄압하고 묵살시켰다. 물론 이는 문제의 근본적 해결과는 거리가 먼 것이었으나 어찌되었든 물리적 강제력으로 문제를 '봉인'한 것이다. 그러나 개발주의 국가가 붕괴하고 민주주의 체제가 등장하자, 한편으로 국가의 통치 능력이 저하되었고, 다른 한편으로는 사회 집단들이 자신들의 요구를 관철하기 위해 실력 행사에 호소할 '자유'를 가지게 되었다. 오늘날 나타나는 분쟁은 과거에 문제를 해결하려 하지 않고 봉인했던 대가를 치르는 것이고, 실력 행사를 통해 민주주의 정치에 '자유의 비용'이 발생한 측면이 있음을 부정할 수 없다. 개발주의 국가의 시대가 끝났다고 해서 전혀 문제가 없는 것이 아니라 아시아에는 이처럼 여러 난제가 쌓여 있는 것이다.

아시아 정치의 과제와 진로는 무엇인가?

지금 아시아에서는 국가의 의의 자체가 문제시되고 있다. 시민 사회만 있으면 모든 것이 해결되며 국가가 필요하지 않다고는 말할 수 없다. 여전히 국가는 필요하다. 경제 위기로 큰 피해를 입은 국민 경제의 재건, 정치 체제의 민주화라는 임무를 국가가 짊어지지 않을 수 없다. 시민 사회만으로는 사회의 혼란을 수습할 수 없기 때문이다. 만약 지금과 같은 사회 혼란이 계속된다면, 질서 회복을 명분으로 군정이나 권위주의 체제를 주장하는 목소리가 다시 나타날 수도 있다. 실제로 수하르토 정권 이후의 인도네시아에서 이러한 가능성이 전혀 없다고 단정할 수 없다. 요약하자면 개발주의 국가 시대가 지나간 지금, 아시아 국가와 사회는 근본적인 재구축의 시대에 있으며, 개발주의 국가를 대신하는 것이 무엇인가는 아직 그 형태가 확실하지 않다는 것에 문제가 있다.

앞으로 아시아 정치는 어디로, 어떻게 움직여 갈 것인가? 이것을 정확히 예측하는 것은 불가능하지만 앞으로 아시아 정치의 과제가 될 것으로 생각되는 키워드를 몇 가지 지적해 두겠다.

우선 정치 체제를 들 수 있다. 권위주의 체제가 아니라 민주주의 체제가 기본 원리가 될 것임은 틀림없다. 문제는 어떠한 민주주의 체제인가, 민주주의를 축으로 한 어떠한 국가인가가 명확하지 않는다는 점이다. 개발도 여전히 중요한 키워드의 한 가지이다. 물론 권위주의 체제와 국가 주도형이 합쳐진 개발주의 국가는 이미 어디서도 받아들여지지 않지만, 아시아에는 아직도 빈곤과 저개발로 어려움을 겪는 국가가 적지 않다. 개발은 아직 필요하며, 어떻게 개발을 할 것인가는 21세기에도 계속되는 과제라고 할 수 있다. 이때 국가를 제외한 개발, 즉 주민에 의한 개발도 하나의 해답이 되지만, 이것으로는 충분하지 않으며 역시 국가는 필요하다고 생각된다. 이것이 의심스럽다면 캄보디아 등 아시아 후발국의 실태를 고려해볼 필요가 있다. 정치 체제와 관련하여 말하면, 국민의 정치 참여나 바람직한 정치 체제에 대한 요구를 만족시키면서 어떠한 국가 체제에 따라 개발을 추진할 것인가가 앞으로의 과제가 될 것이다.

국가 목표도 키워드로 들 수 있다. 개발주의 국가 시대에는 국가가 개발이라는 목표를 설정하여 국민을 강력하게 이끌었다. 앞으로는 이와 같은 형태의 국가 목표를 받아들이지 않을 것이므로 사회, 국민을 통치하는 상징이라는 의미에서 국가 목표가 필요하다. 예를 들면 인도네시아에서 과거 수하르토 대통령은 개발을 상징으로 하여 민족이나 종교, 지역 등으로 다양하게 분열된 광대한 사회를 통솔하여 왔으나, 현재는 사회 전체를 더 나은 방향으로 통합할 수 있는 상징이 없어 위기가 나타나고 있다. 만약 현재 인도네시아 사회의 분열 경향을 이대로 방치하면, 각각의 '소사회'가 고유의 민족, 종교, 지역, 언어를 절대적인 기치로 내세우게 되어 국가가 분열될 뿐만 아니라, 그것이 원인이 되어 소사회들 사이에서 대립이나 항쟁이 격화될 우려도 있다. 이 때문에 결코 강제적이지 않으면서 무엇인가 새로운 통합의 상징을 창출할 필요가 있다.

이것이 앞으로 아시아 전체의 주요 과제들인데, 그렇다면 개별 국가의 구체적인 과제나 진로는 무엇일까? 아시아의 모든 국가를 전망하는 것은 무리이므로 여기서는 이 책에서 살펴본 5개국의 과제와 목표가 무엇인가를 검토하겠다.

우선 한국의 경우에는 남북 통일과 민주주의 체제의 정착이 바로 그것이다. 후자의 측면에서는 구체적으로 부패 정치의 추방과 정당 정치의 기반 강화가 과제가 될 것이다. 대만에서는 일본의 자민당이 다시 정권에 복귀했듯이 차기 총통 선거에서 국민당이 당시 정권에 복귀할 것인지가 당면 쟁점이며, 중기적으로는 민진당을 축으로 어떠한 정당 체제가 형성될 것인지가 핵심을 이룰 것이다. 물론 말할 것도 없이 국제 관계에서는 중국과 대만의 통일이 결정적으로 중요하나 이 책의 범위를 넘어서는 것이므로 그 문제는 고려의 대상으로 삼지 않는다. 인도네시아는 단기적으로는 무엇보다도 국가 분열 방지가 긴급한 과제이다. 만약 이것에 실패한다면 질서 회복을 명분으로 다시 군이 권력을 장악하거나 또는 유고슬라비아와 같이 국가와 사회가 분해되는 최악의 시나리오조차 생각할 수 있다. 또한 어떻게 안정적인 국가 체제를 창출하고 국가의 통치 능력을 회복할 것인지가 중요하며, 중장기적으로는 다양한 사회를 어떠한 이념으로 통합할 것인지가 문제가 되고 있다. 말레이시아의 경우, 단기적으로는 마하티르 체제의 진로가 중요하며, 중장기적으로는 말레이인과 화교의 전통적인 대립 구조에 추가하여 새롭게 나타난 말레이인 내부의 분열, 이슬람 정당과의 조화 등이 국가와 시민 사회의 과제이다. 마지막으로 싱가포르에서는 구체적인 과제로서 흔히 경제 성장과 민주주의의 공존이 언급된다. 싱가포르는 정치 지도자뿐만 아니라 국민도 엄격한 정치 체제하에서 필사적으로 계속 성장하는 것이 최대의 과제이자 유일한 생존의 길이라고 믿었다. 그러나 이제는 설령 성장률이 조금 저하되더라도 좀더 여유를 가질 필요가 있다. 그렇게 해야만 이제까지 보이지 않던 국가나 사회의 새로운 길이 보일 것이다.

이상이 아시아 다섯 나라들의 과제와 진로로서 구체적인 과제는 나라마다 다르다. 이들 과제에 대응하는데 국가의 역할이 중요하다고 한다면, 개발주의 국가와 같이 일률적인 유형이 아니라 개별 국가의 특수 요소의 영향을 강하게 받은 고유한 유형들이 나타날 것이라고 생각할 수 있다. 다시 말해서 21세기의 아시아 정치는 각 국의 역사 사회의 특성이 반영되어 '개성' 이 강해질 것으로 보인다. 그러나 '공통성' 은 없어지지 않고 다른 것과 동시에 계속 강하게 작용할 것이다. 현재 아시아 경제가 한 국가를 초월하는 큰 힘으로 움직이고 있다는 것을 언급하였듯이, 앞으로는 투자와 무역을 축으로 하는 경제적 상호 의존이 더욱 심화되고, 다른 한편으로 ASEAN을 축으로 하는 경제권이 더욱 확대되어, 예를 들면 10년이나 20년 후에는 '아시아 자유무역지대' 나 '아시아 경제공동체' 의 탄생을 기대할 수 있다. 정치나 안전 보장에서도 현재의 ASEAN 지역포럼이 남부 아시아 등을 포함한 아시아 전체의 지역 체제로 확대될 것으로 예상할 수도 있다. 그러므로 21세기의 아시아 정치는 특정 국가의 특수 요소라 할 수 있는 개성과 글로벌화라는, 언뜻 보면 다른 두 가지의 방향으로 움직여 갈 것이라고 볼 수 있다.

시민 사회와 국가의 관계

21세기의 아시아 정치에서는 국가 이상으로 시민 사회의 역할과 책임이 크다. 시민 사회는 구체적으로는 두 가지 임무를 가지고 있다. 첫째, 제7장에서 설명한 것처럼 민주주의를 정치나 사회의 규범으로서 받아들여 정착시키는 것이다. 물론 이를 위해 국가가 국민을 교육하는 것도 중요하지만 시민 사회를 구성하는 국민 한 사람 한 사람이 스스로 그것을 실천하는 것이 최대의 지름길이며 가장 확실한 방법일 것이다. 시민 사회가 솔선하여 민주주의를 게임의 법칙으로 준수하게 되면, 아래로부터 자율적인 안정성이 유지될 수 있고 결국 그것이 국가로도 파급되어 갈 것이 틀림없기 때문이다. 그렇게 될 때 이와 같은 국가나 사회야말로 강인해질 수 있을 것이다. 둘째, 사회의 다양한 집단이 상호 연관을 심화시켜 민족, 종교, 지역, 언어의 차이를 넘어서는 주민 교류를 추진함으로써 대립이나 분쟁을 감소시키는 것이다. 이제까지 주민의 상호 이해 촉진이나 안정의 확보는 국가의 임무라고 간주되어 왔는데, 국가가 이런 역할을 하는 경우 설득이나 설명보다는 진압과 관리를 포함한 폭력적 강제라는 수단에 의존하기 쉽다는 것은 개발주의 국가의 예를 통해서 알 수 있다. 이것은 특히 인도네시아와 말레이시아를 떠올리면 이해하기 쉬울 것이다. 물론 지금 지적한 두 가지 임무는 오늘날 아시아의 현실이 아니라 앞으로 가야 할 길이며, 이것에 도달하기 위한 과정에서 시민 사회의 임무가 무겁다고 할 수 있다.

　최근의 시민 사회론을 보면, 거의 '시민 사회 만능론'에 빠져 있다는 느낌이 든다. 즉, 권위주의 체제와 강한 국가로는 더 이상 안 되며 시민 사회가 있어야만 모든 것이 잘 되리라고 생각하는 경향이 강함을 부정할 수 없다. 독자들 중에도, 혹시 한 국가가 성장, 발전하면 시민 사회의 영역이 저절로 확대되고, 국민이 활발한 운동을 전개하여 권위주의 체제가 민주화된다고 이해하고 있을지도 모른다. 그러나 현실의 과정은 결코 예정 조화적이지도 단선적이지도 않다. 시민 사회의 발전을 저해하는 수많은 요인이 무수히 존재하는 것은 물론이고, 시민 사회 자체도 만능이 아니라 한계와 문제를 안고 있는 존재임을 유의할 필요가 있다. 예를 들어 싱가포르나 사회주의 국가처럼 국가의 힘이 여전히 강하고 시민 사회의 영역이 좁게 제한된 국가의 경우에는, 시민 사회의 구성원 중에서 중핵으로 상정되는 중간층이 정치 사회 의식 면에서 '정치적 무관심'을 나타낸다는 한계가 있다. 그리고 민족이나 종교를 원인으로 발생한 분쟁은, 국가가 그것을 정치적 목적으로 이용하는 경우를 제외하면, 시민 사회에도 그 책임이 있다고 할 수 있다. 타민족이나 타종교를 배제하려는 욕구가 시민 사회에 존재하는 것이다. 최악의 경우에는 인도네시아 같은 나라에서 발생할지도 모르는 국가의 와해를 시민 사회가 저지할 수 있는 힘을 발휘하지 못하게 되는 것이다.

21세기 아시아에 이러한 정치 과제가 존재하는 가운데, 국가와 시민 사회의 상호 관계는 어떻게 될 것인가? 분명한 것은 국가 우위의 시대에도 미약하나마 시민 사회가 있었던 것처럼, 시민 사회 우위의 시대에도 국가가 필요하며, 각기 스스로의 임무를 수행할 필요가 있다는 것이다. 제6장에서 국가와 사회의 관계를 제로섬 게임의 대립 관계로 보는 시각을 소개하였는데 이러한 시각만 존재하는 것은 아니다. 최근에는 국가와 사회는 대립 관계가 아니라 상호 의존 관계에 있다는 견해가 관심을 모으고 있다. '사회속의 국가론'이 바로 그것으로, 국가가 사회에 일방적으로 명령하는 것이 아니라 국가와 시민 사회는 상호 영향 관계, 즉 경합과 공존의 관계에 있다는 것이다. 1980년대 이후, 아시아 국가들에서 시민 사회도 정치적으로 참여를 확대하고 발언력을 증대시켜 왔다. 다른 한편으로는 많은 국가들이 여전히 일정한 능력을 유지하고 있고, 국가의 역할이 필요한 경우도 종종 발생한다. 따라서 제로섬 관계로 보는 견해는 개발주의 국가 시대에는 잘 들어맞았지만, 현재는 사회 속의 국가론의 시각이 아시아의 실태를 더 잘 설명할 수 있을 것이다. 이 시각에 따르면 아시아는 '국가 우위의 시대'로부터 '국가와 시민 사회의 경합적 공존의 시대'로 나아가고 있다.

현대 아시아 정치를 읽는 방법

지금까지 개발주의 국가와 시민 사회를 쟁점으로 하여, 그 상호 작용 과정을 살펴보면서 현대 아시아 정치를 검토하였다. 이런 분석이 개발주의 국가와 성장의 관련성에 지나치게 의미를 두었다고 느끼는 사람이 있을지도 모른다. 동아시아의 성장과 정치 체제의 관련성에 대해 다음과 같은 점을 지적해 두고자 한다. 동아시아가 권위주의 체제에서 성장을 달성해 왔으나, 민주주의 체제하에서였더라도 성장을 추구할 수 있었을 것이라는 비판적 논의가 있다. 만약 역사를 1960년대로 되돌려, 민주주의 체제하에서도 동아시아의 성장이 가능했을까를 실험해 볼 수만 있다면 매우 흥미로울 것이다. 그러나 역사는 결코 되돌릴 수 없는 일회성을 지니고 있다. 역사적 사실은 동아시아의 1970년대는 바로 권위주의 체제하에 있었던 개발주의 국가 시대였고 이러한 기반 위에서 성장을 이루었다는 것이다. 우리는 이 역사적 사실에 입각해서 그것에 대한 논의를 전개할 수밖에 없다.

시민 사회에 대해서도 비슷한 생각을 가질지 모른다. 시민 사회는 그 정의도 실태도 명확하지 않은 애매한 개념이어서, 정말로 아시아 정치의 분석에 유효한 것인가에 대한 의구심이나 비판이 제기되는 경우가 있다. 시민 사회는 일시적인 유행에 불과하므로 10년 후에는 아시아 정치 연구에서 사라질 것이라는 견해도 있을 것이다. 현재로서는 이러한 의견이나 비판에 대하여 이 책에서 서술한 것 이상으로 설명할 수는 없다. 그러나 아시아 국가들의 정치 담당자들이 국가로부터 시민 사회로 이행하고 있다는 점과, 지금까지는 아시아 정치를 보는 관점이 국가에 치중되었다는 사실을 지적해 둘 필요가 있다. 따라서 앞으로는 당연히 사회로 좀더 눈을 돌려야 할 것이다.

'국가와 시민 사회' 의 관계는 '국가와 시장' 의 관계와 유사하다. 최근 경제에서 시장이 핵심적 키워드가 되고 있는데, 그것 역시 매우 추상적인 개념이므로 국가와 시장의 관계를 구체적으로 설명하기 어렵다는 점에서 시민 사회와 비슷하다. 그리고 국가를 대신하여 앞으로는 시장이 중요한 것으로 간주되고 있듯이 시민 사회도 그렇다. 이 책에서 철저히 다루지 못했던 시민 사회라는 개념을 자세히 분석하고, 정치뿐만 아니라 경제나 사회에 관심을 가진 사람들에게도 통용될 수 있는 시민 사회의 공통적 이론을 만들어 내며, 분석 개념으로서의 시민 사회 개념을 정립하여 아시아 정치를 살펴보는 일은, 아시아 연구만을 위해서가 아니라 현대 세계의 시민 사회 연구에서 절실히 요구되는 중요한 과제 중 하나일 것이다.

이 책은 개발주의 국가와 시민 사회를 축으로 하여 아시아 정치 전반을 살펴보는 데 주력했으나, 앞으로는 각 국가들의 특수한 요소가 더욱 빈번하게 대두하리라 예상할 수 있다. 이 책에서 다룬 다섯 국가들은 예전에는 개발이 최대의 공통 과제였다. 그러나 이제, 한국은 남북 통일, 대만은 중국과의 통일, 또는 정치적 자립 달성, 인도네시아는 국가의 와해 방지, 말레이시아는 말레이인 사회의 '왜곡 현상' 해결, 싱가포르는 국가와 시민 사회의 관계 정립 등이 중요한 과제가 되고 있다. 이처럼 과제나 목표가 국가마다 달라졌다. 아시아 정치를 보는 관점도 한국과 대만은 분단 국가의 관점이, 인도네시아는 자바, 이슬람, 군부라는 세 가지 요소를 조합하여 설명하는 관점이 형성될 수 있다. 이렇게 살펴볼 때, 아시아 국가들간에 서로 다른 흥미 있는 특징들이 도출될 것이다. 아시아 정치를 이해하는 방법에는 다양한 관점과 분석의 틀이 있다. 이 책에서 개발주의 국가와 시민 사회를 분석의 틀로 삼은 것은, 그것을 통해 한 특정 국가의 동태나 특징을 넘어서 아시아 전체의 흐름과 여러 국가들간의 공통된 특성을 잘 읽어 낼 수 있다고 보았기 때문이다. 세계가 글로벌화하고 있는 이 시대에 각 국가의 특성을 살펴보는 작업도 중요하지만, 그것과 병행하여 공통적으로 적용될 수 있는 관점이나 개념의 렌즈를 사용하여 국가들을 비교 고찰하는 작업의 중요성도 더욱 커질 것이다.

이 책을 구상한 것은 몇 년 전으로 거슬러 올라간다. 필자는
예전에 소속해 있던 아시아경제연구소에서 아시아에 대한
지적 관심으로 가득 찬 동료 아시아 연구자들과 함께 1992년에 '개
발 체재'를 테마로 하는 연구회를 조직하여 개발주의 국가에 대해
연구하였다. 1996년에는 '시민 사회'를 테마로 현대 아시아 정치의
구조와 특성을 횡단적으로 분석해 보았다. 두 연구회의 성과는 각
각 한 권의 책으로 정리되었고, 다행스럽게도 많은 사람들이 관심
을 가져 주었으나, 연구회를 끝마친 후에도 이것으로 충분하지 않
다는 생각과 함께 두 가지의 테마에 대한 관심이 점점 깊어져 갔
다. 현대 아시아 정치의 움직임은 언뜻 보면 다양하고 복잡한 것처
럼 보이지만, 개발주의 국가로부터 시민 사회로의 이행이라는 흐

름으로 파악하면 이해하기 쉽지 않을까 하는 생각이 있었기에 좀
더 깊이 있게 검토해 보고 싶었다.

이러한 생각을 갖기 시작했을 무렵, 세이케이[成蹊] 대학, 돗쿄
[獨協] 대학, 도쿄 여자대학, 1999년 4월부터 새롭게 재직하게 된 다
쿠쇼쿠[拓殖] 대학에서 동남 아시아론, 아시아 연구, 제3세계 정치
등을 강의할 기회를 가졌다. 강의는 아시아 국가들의 기본적인 정
치 경제 구조, 정치 과정의 특징을 중심으로 진행하였다. 강의를
하면서 단순히 단편적인 사실이나 지식을 설명하는 것에 그치지
않고, 아시아나 제3세계 정치의 특징을 잘 나타내는 키워드를 이
용하여 큰 흐름을 설명한다면, 보다 명확하고 분석적으로 아시아
를 이해할 수 있으리라는 생각이 들었다. 이것이 이 책을 집필한
계기가 되었다.

제6장 '개발주의 국가를 둘러싼 문제'는 이제까지 썼던 논고를
기초로 하였으나 다른 장은 거의 새로 쓴 것이다. 이미 현대 아시
아의 정치 경제를 주제로 몇 권의 책을 썼지만, 이 책은 특히 일반
독자가 이해하기 쉬운 용어로 아시아 정치를 논의해 보고 싶은 바
람을 실현한 것이라서 개인적인 애착이 더 크다. 이 작은 책 속에
담긴 두 가지 목표, 즉 일반 독자가 현대 아시아 정치의 동태에 흥
미를 가지게 되고, 연구자에게도 개발주의 국가와 시민 사회의 개
념을 조금이라도 명확하게 이해하는 데 도움이 되었다면 그것으로

만족한다.

이 책이 탄생하기까지 많은 사람들의 도움을 받았다. 2000년 4월부터 지금까지 다쿠쇼쿠 대학의 와타나베[渡辺利夫] 교수에게 변함없이 지도를 받고 있다. 이 책에서 서술한 해석의 옳고 그름은, 말할 것도 없이 필자 개인에게 책임이 있다. 아시아경제연구소의 연구회에서 함께 고생한 젊은 지역 연구자들, 새롭게 동료가 된 대학의 연구자들, 그리고 귀중한 공부를 할 기회를 준 자주적 연구회와 학회의 뛰어난 아시아 연구자들과의 논의에 많이 의존하였음을 밝혀 둔다.

마지막으로 이 책의 구성이나 서술 형식에 대해 적절한 조언을 해준 주오고론신사[中央公論新社]의 사사키[佐々木久夫] 씨와 나미키[並木光晴] 씨에게도 감사드리고 싶다. 특히 나미키 씨는 자상하고 정성스럽게 편집을 해주었다. 이 책이 읽기 편하다면 전적으로 그의 덕택이다.

참고문헌

❶ 한국

- 池明觀,〈韓國民主化への道〉岩波新書, 1995年
- 朴一,〈韓國NIES化の苦惱〉同文館出版, 1992年
- 服部民夫編,〈アジア工業化シリーズ 2 韓國の工業化〉アジア經濟硏究所, 1987年
- 服部民夫・佐藤幸人編,〈韓國・臺灣の發展メカニズム〉アジア經濟硏究所, 1996年
- 森山茂德,〈現代韓國政治〉東京大學出版會, 1998年
- 渡辺利夫,〈韓國經濟入門〉ちくま學藝文庫, 1996年
- Jones, Leroy P. and Il Sakong, *Government, Business, and Entrepreneurship in Economic Development; the Korean Case.* Cambridge, Harvard University Press, 1980.
- Koo, Hagen, ed., *State and Society in Contemporary Korea.* Ithaca, Cornell University Press, 1993.

❷ 대만

- 伊藤潔,〈臺灣〉中公新書, 1993年
- 谷浦孝雄編,〈アジア工業化シリーズ 5 臺灣の工業化〉アジア經濟硏究所, 1988年
- 吉田勝次,〈アジアの開發獨裁と民主主義〉日本評論社, 2000年
- 若林正丈,〈現代アジアの肖像 5 蔣經國と李登輝〉岩波書店, 1997年
- 若林正丈,〈東洋民主主義〉田畑書店, 1994年
- 若林正丈,〈東アジアの國家と社會 2 臺灣〉東京大學出版會, 1992年

❸ 인도네시아

- 尾村敬二編,〈スハルト體制の終焉とインドネシアの新時代〉アジア經濟硏究所, 1998年
- 佐藤百合編,〈インドネシア・ワヒド新政權の誕生と課題〉アジア經濟硏究所, 1999年
- 白石隆,〈現代アジアの肖像 11 スカルノとスハルト〉岩波書店, 1997年
- 白石隆,〈インドネシア國家と政治〉リブロポート, 1992年

- 三平則夫・佐藤百合編,〈アジア工業化シリーズ 15 インドネシアの工業化〉アジア經濟研究所, 1992年
- 村井吉敬他,〈スハルト・ファミリーの蓄財〉コモンズ, 1999年
- 安中章夫・三平則夫編,〈現代インドネシアの政治と經濟〉アジア經濟研究所, 1995年
- Crouch, Harold, *The Army and Politics in Indonesia*. Ithaca, Cornell University Press, 1978.
- Emmerson, Donald, ed., *Indonesia Beyond Suharto; Polity, Economy, Society Transition*. Armonk, M. E. Sharp, 1999.
- Robinson, Richard, *Indonesia: the Rise of Capital*. North Sydney, Allen & Unwin, 1986.

❹ 말레이시아

- 萩原宜之,〈現代アジアの肖像 14 ラーマンとマハティール〉岩波書店, 1996年
- 萩原宜之,〈マレージア政治論〉弘文堂, 1989年
- 堀井健三編,〈アジア工業化シリーズ 12 マレージアの工業化〉アジア經濟研究所, 1991年
- 堀井健三編,〈マレージア社會再編と種族問題〉アジア經濟研究所, 1989年
- 堀井健三・萩原宜之編,〈現代マレージアの社會・經濟變容〉アジア經濟研究所, 1988年
- Anwar, Ibrahim, *The Asian Renaissance*. Singapore, Times Books International, 1996.
- Crouch, Harols, *Government and Society in Malaysia*. Ithaca, Cornell University Press, 1996.
- Khoo, Boo Teik, *Paradoxes of Mahathirism: an Intellectual Biography of Mahathir*. Kuala Lumpur, Oxford University Press, 1995.
- Means, Gordon P., *Malaysian Politics: the Second Generation*. Singapore, Oxford University Press, 1991.
- Milne, R. S. and Diane K. Mauzy, *Malaysian Politics Under Mahathir*. London, Routledge, 1999.

❺ 싱가포르

- 岩崎育夫,〈現代アジアの肖像 15 リー・クアンユー〉岩波書店, 1996年

- 竹下秀邦,〈アジア現代史シリーズ4シンガポール〉アジア經濟研究所, 1995年
- 田村慶子,〈シンガポールの國家建設〉明石書店, 2000年
- 田村慶子,〈'頭腦國家'シンガポール〉講談社現代新書, 1993年
- Association of Muslim Professionals, *The Future of Civil Society in Singapore*. Singapore, 1997.
- Chan, Heng Chee, *The Dynamics of One Party Dominance: the PAP at the Grass-roots*. Singapore, Singapore University Press, 1978.
- Drysdale, John, *Singapore: Struggle for Success*. Singapore, Times Books, 1984.
- Koh, Gillian and others, ed., *State-Society Relations in Singapore*. Singapore, Institute of Policy Studies, 2000.
- Rodan, Garry, *The Political Economy of Singapore's Industrialization*. London, Macmillan, 1989.（田村・岩崎譯〈シンガポール工業化の政治經濟學〉三一書房, 1992年）
- Sandhu, K. S. and others, ed., *Management of Success: the Moulding of Modern Singapore*. Singapore, Institute of Southeast Asian Studies, 1989.

❻ 개발주의 국가를 둘러싼 문제

- 青木昌彦他編,〈東アジアの經濟發展と政府の役割〉日本經濟新聞社, 1997年
- 岩崎育夫編,〈開發と政治〉アジア經濟研究所, 1994年
- 末廣昭,〈キャッチアップ型工業化論〉名古屋大學出版會, 2000年
- 東京大學社會科學研究所編,〈20世紀システム4開發主義〉東京大學出版會, 1998年
- 原洋之介,〈東南アジア諸國の經濟發展〉リブロポート, 1994年
- 平川均,〈NIES〉同文館出版, 1992年
- Applebaum, Richard and others, ed., *States and Development in the Asian Pacific Rim*. New Bury Park, Sage, 1992.
- Deyo, Frederic C., ed., *The Political Economy of the New Asian Industrialism*. Ithaca, Cornell university Press, 1987.
- Evans, Peter and others, ed., *Bringing the State Back In*. Cambridge, Cambridge University Press, 1985.

- Johnson, Chalmers, *MITI and the Japanese Miracle: the Growth of Industrial Policy, 1925-1975.* Stanford, Stanford University Press, 1982.

- Robinson, Richard and others, ed., *Politics and Markets in the Wake of the Asian Crisis.* London, Routledge, 2000.

- Vogel, Ezra F., *The Four Little Dragons: the Spread of Industrialization in East Asia.* Cambridge, Harvard University Press, 1991. (渡辺利夫譯,〈アジア四小龍〉中公新書, 1993年)

- Woo-Cumings, Meredith, ed., *Developmental State.* Ithaca, Cornell University Press, 1999.

- World Bank, *The East Asian Miracle: Economic Growth and Public Policy.* London, Oxford University Press, 1993. (海外經濟協力基金開發問題研究會譯, 白鳥正喜監譯,〈東アジアの奇跡〉東洋經濟新報社, 1994年)

❼ 시민 사회를 둘러싼 문제

- 岩崎育夫編,〈アジアと市民社會〉アジア經濟研究所, 1998年
- 岩崎育夫編,〈アジアと民主主義〉アジア經濟研究所, 1997年
- 河森正人,〈タイ〉アジア經濟研究所, 1997年
- 重富眞一編,〈國家とNGO〉アジア經濟研究所, 2000年
- 末廣昭,〈タイ〉岩波新書, 1993年
- 萩原宜之編,〈講座現代アジア3 民主化と經濟發展〉東京大學出版會, 1994年
- 服部民夫他編,〈アジア諸國における中間層論の現在〉アジア經濟研究所, 2000年
- 古屋野正伍他編,〈アジア社會の構造變動と新中間層の形成〉こうち書房, 2000年

- Anek Laothamatas, ed., *Democratization in Southeast and East Asia.* Singapore, Institute of Southeast Asian Studies, 1997.

- Dauvergne, Peter, ed., *Weak and Strong States in Asia-Pacific societies.* St. Leonards, Allen & Unwin, 1998.

- Diamond, Larry and Marc F. Plattner, ed., *Democracy in East Asia.* Baltimore, Johns Hopkins University Press, 1998.

- Diamond, Larry and Marc F. Plattner, ed., *The Global Resurgence of Democracy.* 2 ed.

Baltimore, Johns Hopkins University Press, 1996.

- Diamond, Larry and others, ed., *Democracy in Developing Countries: Asia*. Boulder, Lynne Rienner Publishers, 1989.

- Hall, John A., *Civil Society: Theory, History, Comparison*. Cambridge, Polity Press, 1995.

- Huntington, Samuel, *The Third Wave of Democratization*. Oklahoma, Oklahoma University Press, 1992.

- Migdal, Joel S., *Strong Societies and Weak State: State-Society Relations in the Third World*. Princeton, Princeton University Press, 1988.

- Migdal, Joel S., and others, ed., *State Power and Social Forces: Domination and Transformation in the Third World*. Cambridge, Cambridge University Press, 1994.

- Putnam, Robert D., *Making Democracy Work: Civic Traditions in Modern Italy*. Princeton, Princeton University Press, 1993.

- Robinson, Richard and others, ed., *The New Rich in Asia: Mobile Phones, McDonald's and Middle-class Revolution*. London, Routledge, 1996.

- Rodan, Garry, ed., *Political Oppositions in Industrializing Asia*. London, Routledge, 1996.

- Stepan, Alfred, *The State and Society: Peru in Comparative Perspective*. Princeton, Princeton University Press, 1978.